Inge Arenz

Eine Kindheit in der Eifel

RHEIN
MOSEL
VERLAG

»Erinnerungen an eine Eifel-Kindheit«
Als Kolumnen einzeln erschienen in der
Rhein-Zeitung

4. Auflage 2025
RHEIN-MOSEL-VERLAG
Bundesbahnhof 1, 56859 Bullay / Mosel
Deutschland
Tel.: 06542 / 5151
E-Mail: rhein-mosel-verlag@t-online.de
www.rhein-mosel-verlag.de

ISBN 978-3-89801-468-7
Ausstattung: Stefanie Thur
Korrektorat: Melanie Oster-Daum
Fotos: privat

Inge Arenz

Eine Kindheit in der Eifel

Geschichten aus den 50er und 60er Jahren

Rhein-Mosel-Verlag

Danke an alle, die mich ermutigt haben diesen Schritt zu gehen.
Besonders an Helmut, meinen »Korrektor«
und an Marga Irlenborn, die alles eingefädelt hat.

Ich bin Inge Arenz

Ich bin die, die ihre Geschichten einer »Eifelkindheit« in der »Rhein-Zeitung« schreibt.

1950 geboren, also schon im reifen Alter. Seit drei Jahren schreibe ich auf, was ich noch aus meiner Kindheit weiß. Es sind Geschichten, die ich selbst erlebt habe und die mir noch sehr gut in Erinnerung geblieben sind. Angefangen hat alles damit, als mir bewusst wurde, wie »einfach« es doch ist, in der heutigen Zeit zu leben. Ich begann aufzuschreiben, was mir in den Sinn kam und habe das mit der damaligen Zeit verglichen. Meine Eltern, unser altes Haus, die Stube, die kalten Wintertage, meine Lieblingsjahreszeit der Herbst. Das Frühjahr und der Sommer mit viel Arbeit und meine drei Brüder. Der Jüngste wurde 1958 geboren, da war ich 8 Jahre alt. Damit fing eigentlich meine »Arbeit« an.

Also, wehe wenn man, wie ich, die Älteste war, hatte man plötzlich drei »Kleine« unter sich. Ich begann zu schreiben wie es als Ersatzmutter war. Meine ersten Geschichten waren nur für mich. Es waren meine Gedanken und Erinnerungen, die ich verarbeitet habe. Dann habe ich sie einmal zum Besten gegeben. So begann meine späte »Karriere« als Autorin. Manchmal braucht es nur einen kleinen Anstoß und schon spielen meine Gedanken wieder Domino.

Schreiben und Lesen waren und sind meine Lieblingsbeschäftigungen. Oft fallen mir auch Gedichte ein, die ich dann bei passender Gelegenheit präsentiere. Viele haben mir geraten die Geschichten in einem Buch zu veröffentlichen.

Und hier ist es. Viel Spaß beim Lesen.

Ihre Inge Arenz

Inhalt

August 1958

Im August 1958 bekam ich noch einen Bruder. Das darf doch nicht wahr sein, dachte ich, andere bekommen eine Schwester, wieso ich nicht? Ich hatte doch schon zwei von der Sorte und eine Schwester wäre *soo* schön gewesen. Da die Ernte in vollem Gange war, blieb meiner Mutter nichts anderes übrig als den kleinen Mann mir zu überlassen. Ich war acht Jahre alt und trug die Verantwortung. Für meine Mutter war es nicht einfach, aber mein Vater brauchte jede Hand bei der Getreideernte. Ja, nun hieß es für mich das Kind bei Laune zu halten. Mein kleiner Bruder war pflegeleicht, was bei den Möglichkeiten die man damals hatte, eine große Erleichterung war.

Da kaum jemand einen Elektroherd hatte, war die Versorgung nicht so einfach. Wenn man eine Flasche kochte, musste man den Ofen »anmachen«. Meine Mutter kochte morgens die Fläschchen vor und wenn mein Bruder brüllte, musste

Damals hat mir der Kinderwagen noch gefallen.

ich eine aufwärmen. Gesagt, getan. Ofen anmachen, Wasser kochen, Flasche ins heiße Wasser stellen und warten bis die Temperatur richtig war. Flasche an die Backe halten und kurz probieren. Alle Kinder bekamen zu der Zeit Haferflockenbrei, schön dick und sämig. War die Temperatur richtig konnte die Fütterung beginnen. Manchmal war die *Schlupp* verstopft und es kam nix heraus, das gab ein Geschrei. Aber man wusste sich zu helfen. Da das Feuer noch warm war, machte man einfach die Spitze einer Stricknadel heiß und *schwupp* hatte die *Schlupp* ein größeres Loch. *Oweia*, war das Loch zu groß hat sich das Kind verschluckt und brüllte schon wieder. Mit der Zeit hatte ich den Dreh heraus und es klappte ganz gut. Wenn das Kind satt war, musste es auch gewickelt werden. Damals gab es nur Windeln aus Stoff. Zuerst wurde die Mullwindel, dann das Moltontuch zu einem Dreieck gefaltet und um das Kind herum gewickelt. Geschafft, jetzt noch den Strampelanzug drüber, fertig.

Ja und da war noch die Sache mit dem Kinderwagen. Wir hatten einen niedrigen Korbwagen, der ja schon dreimal gebraucht war, mir aber überhaupt nicht gefiel. Ein anderes Mädchen hatte zum gleichen Zeitpunkt eine Schwester bekommen und fuhr sie in einem Kinderwagen mit hohen Rädern spazieren. Ich war ein bisschen neidisch, hatte sie doch Beides was ich gerne gehabt hätte. Man konnte ja nicht alles haben, aber mit diesem Gefährt zu fahren, kam mir nicht in den Sinn. Also fuhr ich den Kleinen nicht, sondern trug ihn. Scheinbar hat es meinem Bruder gefallen, sonst wäre unser Verhältnis bestimmt nachhaltig gestört worden.

Übrigens hätte ich heute gerne so einen Kinderwagen als Andenken.

Es war schon alles ziemlich mühsam ohne Badezimmer, ohne Elektroherd, ohne Flaschenwärmer, ohne Pampers, ohne Fertigbrei, ohne Waschmaschine, ohne Trockner, ohne Klo im Haus und … ohne Kinderwagen mit hohen Rädern.

Und das alles im heißen Sommer 1958. Wohlgemerkt, ich war acht Jahre alt.

Geheimnisvolle Weihnachtszeit

Diese Zeit war für uns Kinder sehr aufregend und geheimnisvoll.

Aus Erzählungen kannten wir den Nikolaus und das Christkind. Wir wussten, der Nikolaus ist ein armer Mann, der nicht viel geben kann. Wir waren trotzdem gespannt, hatte man uns doch gesagt: Der Nikolaus sieht alles und wenn die Kinder nicht brav sind, bringt er seinen Gefährten, den *Belzebub* mit. Der *Belzebub* war der »Schwarze Mann«, der die Kinder in einen Sack steckt und sie *mitholt*. Oh, was hatten wir Angst. Meine Brüder malten sich das alles aus. Der eine meinte, ich hol mal eine Schere mit, damit kann ich ein Loch in den Sack schneiden. Der andere hatte vorsichtshalber ein Messer in der Hosentasche. Ich hatte mir vorgenommen sehr brav zu sein, damit ich nicht in diese missliche Lage geriet.

Wir saßen stundenlang auf der Bank hinter dem Tisch und unterhielten uns ganz leise und beteten, dass der Nikolaus gnädig mit uns umgehe und den schwarzen Mann draußen lassen würde. Gott sein Dank ließ mein Vater nicht zu, dass er uns mitnahm, wir hörten ihn nur mit den schweren Ketten rasseln. Der Nikolaus gab jedem einen Teller mit Plätzchen und einen *Dutzeweck*, verneigte sich huldvoll und ging leise davon. Nach dieser anstrengenden Episode konnten wir uns ganz auf das »liebe Christkind« konzentrieren. Wieder malten wir uns aus, wie es sein würde und was für Geschenke es dieses mal für uns geben würde. Schon wieder waren wir brav und machten alles, was Mutter und Vater uns auftrugen.

Dann war es so weit, die Stube war schön warm und wir festlich gekleidet. Wieder saßen wir ganz still auf der Bank und waren aufgeregt. Plötzlich hörten wir ein Glöckchen läuten. Dann ging die Tür auf und das Christkind kam, begleitet von zwei Engeln, durch die Tür. Unsere Augen wurden ganz groß und wir staunten über so ein schönes Bild. Später meinte ich, meine ältere Cousine hinter dem Schleier (einer Gardine) erkannt zu haben. Dann gab es die Geschenke. Der

Weihnachten mit Puppe und Holzspielsachen.

eine Bruder bekam ein Lastauto aus Holz, der andere einen Holztraktor. Ich bekam eine Puppe mit einem lila Taftkleid und einer Perlenkette. Für jeden gab es einen Teller voll mit Nüssen und selbst gebackenen Plätzchen. Dann kam der Höhepunkt, das Christkind ging hinaus und kam mit einem wunderschön geschmückten Weihnachtsbaum herein. Kerzen, Kugeln und Lametta, ich wusste nicht, was schöner war. Mein Vater stellte den Baum auf ein dafür extra aufgestelltes Nachtschränkchen. Das Christkind verneigte sich, gab jedem die Hand und ging wortlos davon.

Dann war es ganz still. Wir mussten uns erst einmal von diesem Ereignis erholen. Nie im Leben werde ich diesen Abend, dem noch viele folgen sollten, vergessen.

Am ersten Weihnachtstag durften wir die Verwandtschaft besuchen und »Frohe Weihnachten« wünschen. Es gab für jeden von uns eine Tafel Schokolade (meistens Novesia Goldnuss) und eine Apfelsine. Hatten wir ein Glück, wir hatten viele Verwandte und somit viele Apfelsinen und viele Tafeln Schokolade. Sorgfältig wurden sie unter dem Weihnachtsbaum im Schränkchen gestapelt. Kaum trauten wir uns eine zu essen, lieber zählten wir andächtig jeden Abend unsere Schätze.

In diesen Jahren gab es immer wieder viel Schnee. Kamen wir abends vom Schlittenfahren pitschnass, mit roten Gesichtern und durchgefroren nach Hause, strahlten wir. Es war so schön. Unsere Kleidung war natürlich nicht schneetauglich. Die Jungen hatten selbstgenähte lange Hosen und hohe Schuhe an. Wir Mädchen hatten es nicht so gut, kein Mädchen trug Hosen und die Strumpfhose war noch nicht erfunden. Dafür die Strümpfe, die am *Läifje an de Strombbännele anjefriemelt* waren (heute nennt man die Dinger »Strapse«). Aber es gab dicke Pullover und Westen. Waren unsere Füße trotzdem kalt, wurde die Backofentür aufgemacht und wir hatten die schönste Wärmequelle der Welt. Wenn das noch nicht reichte, jagte uns mein Vater barfuß in den Schnee. Schreiend liefen wir kreuz und quer herum und die Füße wurden wunderbar warm. Im Bett lag dann noch die *Baachkatz**, die Mama den ganzen Tag im Backofen aufgeheizt hatte. Mit einem Handtuch umwickelt, lag sie unter der Bettdecke. So hatten wir es kuschelig, und eng aneinander geschmiegt schliefen wir wunderbar. Morgens, wenn ich aufwachte, war das Zimmer ausgekühlt und Eisblumen verzierten das Fenster. Mich hat das immer fasziniert, so wunderschöne Muster im saukalten Zimmer.

Für mich waren der Herbst und die Wintermonate immer die schönste Zeit. Wenn abends das Vieh gefüttert und die Milch gedreht war, war Ruhe. Zum Abendessen gab es *jebrodene Krombere un Läwe- un Blotwuscht*. Dazu eine Tasse frische Milch oder Kakao. Der Geruch ist mir heute noch in der Nase und die Geborgenheit in meinem Elternhaus spüre ich heute noch.

Und ganz, ganz lange gab es noch für jeden ein Stückchen Schokolade.

---

* Ein vom Wasser geschliffener Schieferstein aus dem Elzbach.

Zwischen den Jahren

Zwischen den Jahren war nix Besonderes los. Wir nutzten die Zeit, um uns mit anderen Kindern zu treffen und die Geschenke, die das Christkind gebracht hatte, vorzuführen. Die meisten Mädchen hatten Puppenstuben oder Puppenkleider bekommen. Es war schon sehr aufregend, all die schönen Sachen zu sehen und oft hatte man schon eine Idee, was man sich zum nächsten Fest wünschen würde.

Ein Junge aus unserer Nachbarschaft hatte sich einen Spielzeug-Panzer (warum auch immer) gewünscht, den er dann auch bekam. Das Ding war aus Blech und wurde mit einem Feuerstein angetrieben. Mein lieber Mann, war das ein Gerät, wenn er damit *hin- und herschruppte,* spuckte der Panzer Feuer. Dieses »Spielzeug« beeindruckte aber nur meine Brüder. Ich hingegen war froh mit meiner *Dutz.*

Ganz langsam kam nun die Fastnachtszeit. Im Vorfeld gab es in jedem Jahr einen Familienabend. Darauf freute sich das ganze Dorf. Auch meine Eltern. Waren sie ausgehfertig kam Mama noch ins Schlafzimmer um uns gute Nacht zu sagen. Das hat mir immer gut gefallen. Sie war so fein und roch so gut. Anstatt der *Kiddelscherz* trug sie ein schönes Kleid (Braun mit grünen Streifen, natürlich selbst genäht). Ich glaube, das hat meinem Vater auch gefallen. Es kam ja nicht oft vor, das beiden zusammen etwas geboten wurde.

An einen Familienabend erinnere ich mich noch sehr genau weil meine Brüder, mein Vater und ich eine Hauptrolle spielen sollten. Mein Vater, ein begeisterter Turner, trainierte uns in *de Stuff.* Wir lernten *Rad schloon, Handstand, Kapurtzelbaam* und auf einer Stuhllehne Armdrücken (auf dem Stuhl sitzend hochdrücken).

Alles war streng geheim. Mama nähte uns allen weiße Hosen und Oberteile. Auch die Turnschläppchen nähte Mama für uns. Der Durchziehgummi gab den »Turnschuhen« halt.

Dann kam der große Tag, wir waren voll durchtrainiert und warteten auf unseren Auftritt. Im Saal war die Stimmung auf dem Höhepunkt. Nach Sketchen und Liedern die begeistert aufgenommen wurden, kamen wir an die Reihe. Vorneweg mein Vater mit unserem Stuhl (wegen der Lehne) und wir im Gänsemarsch dahinter. Gab das ein Getöse. Vorne in der ersten Reihe saß *de Pasdur* (Pastor Zimmer), auch der kuckte ganz groß, als wir mit unserer Showeinlage begannen. Unser Vater machte die Übungen vor und wir absolvierten unser Programm scheinbar sehr professionell und mit Leichtigkeit. Nur mein kleiner Bruder fiel beim Purzelbaum dauernd um und hatte die Lacher auf seiner Seite. Der Applaus hörte nicht auf und wir mussten noch einige Zugaben zum Besten geben.

Unser Vater hatte allen Anwesenden mit unserer Nummer eine große Freude bereitet, *de Fritz un säin Kenne* waren Dorfgespräch. Am nächsten Tag kam *de Pasdur* persönlich zu uns nach Hause und bedankte sich noch mal. Ich weiß noch, dass für uns gesammelt wurde und viele Groschen in unsere Spardose wanderten.

Außerdem, was noch viel wichtiger war, gab es noch jede Menge *Zuckestantje*. Ja, das war die Sache doch wert gewesen.

Weil aber nach dieser Zeit bald die Fastenzeit begann, lagen die *Kamelle* brach. Wir durften in dieser Zeit nicht naschen *(soss kiste en de Hell)*. Erst an Ostern wurde die Dose aufgemacht. Oje, war das ein Klumpen. Alles pappte zusammen, *Hustelinchjen, Himbeerchjen un Rahmkamelle*. Aber auch das machte nix, hatten wir doch bei jedem Bonbon eine völlig neue Geschmacksrichtung.

Eine Anmerkung möchte ich noch hinzufügen, die sich auf's Wünschen bezog. Hat man zu oft gesagt, »*Mama, esch hät jär*«, antwortete unsere Mutter: »*De Jaas woll och en lange Schwanz han un hat nur en Stärz krischt.*«

Fasenesch

Kam sonst jeden Samstagabend die große *zinkene Bitt* in die Küche, musste das in der Fastnachtswoche ausfallen, weil mein Vater sie als große Pauke brauchte. Er band sich das riesige Ding vor den Bauch und schlug mit einem Stock den Takt. Er hatte einen gemalten Bart und einen Hering als Krawatte. So rannten die *Jecken* – es gab noch mehr, die so verrückt waren wie mein Vater und jeder durfte mal die »Pauke« hauen – durch das Dorf und machten Radau. Im Leiterwagen *(em Wehntje)* den sie mit sich zogen, lagen wieder die obligatorischen *Zuckestantje*, die den Kindern zugeworfen wurden. Für Erwachsene gab es mal einen Schnaps oder ein Gläschen Wein. Das war ein Spaß. Die Leute standen an der Straße und klatschten und sangen. Jedes Kind konnte die Lieder mitsingen: »Es war einmal ein treuer Husar«, »Heidewitzka Herr Kapitän«, *»Do lachst'de dech kobott, dat nennt me schön un wenn em Zelt de Möcke un de Hummele dech vejöcke un do kanns'de net erous en de Rähn«*. Nicht alles haben

Mein Vater mit angemaltem Bart am Leiterwagen.

wir verstanden, aber alles lauthals mitgesungen. Wenn man so einen Tag erlebt hatte, war es auch nicht so wichtig, nicht gebadet zu haben.

Nur um kurz darauf zurückzukommen. Das Baden war eine Prozedur. *De Bitt* wurde in die Stube geholt. Auf dem Herd kochten mehrere große Töpfe mit Wasser und wenn das Wasser warm genug war, kamen wir Kinder *en de Bitt*. Das war so schön, dass wir gar nicht mehr heraus wollten. Bis Mama sagte: *»Jetz es äwe Schluss, dir säit jo schun janz schrombelesch.«* Wenn wir sauber waren wurden wir ins Bett verfrachtet und das Wasser ausgetauscht, damit meine Eltern auch baden konnten.

In den folgenden Jahren wurde mein Vater etwas ruhiger und wir durften Fastnacht »leben«. So ganz konnte er es aber nicht lassen und manchmal brachte er noch etwas aus irgend einer Ecke. Wir Mädchen waren als *Faseneschbittje* unterwegs. Die Jungen waren »*Kaubois*« oder »Indianer«. Die Cowboys hatten Pistolen mit Schießpulverplättchen. Überall knallte es und machte peng peng. Mir ist der Geruch von den *Scheeßplättje* noch in der Nase. Das hat gut gerochen. An die Hosenbeine waren Litze angenäht. Es gab auch schon *Kauboihüte* und *Schäriffabzeichen*. Die Jungen waren sehr stolz, wenn sie mit so einer Montur ausgestattet waren. Wir Mädchen waren de *Faseneschbittje*. Unser Schlachtruf war *»Faseneschbittje, Lompegritje, Äilespejel, Lompesejel«*. Ja, die Eulenspiegel waren die Stars, sie trugen Schlafanzüge und hatten spitze Hüte auf dem Kopf. Sie liefen uns nach und mit den *Klabbatschen* hauten sie auch mal zu. (*Klabbatsche* waren aus gefalteter fester Pappe). Mancher Eulenspiegel hatte seine *Klabbatsch* mit dünnen Ruten verstärkt, dem kam man besser nicht zu nahe. Tradition war auch, zur Lehrerin zu laufen. Die musste dann an den Bewegungen ihre Schülerinnen und Schüler erkennen. Wir Kleinen waren nur Zaungäste, die Großen machten die Schau. Aber *owei*, am schlimmsten waren de *Striehbäre*. Davor hatten wir am meisten Angst. Das waren vielleicht Gestalten, ganz in Stroh eingebunden, tapten sie durch das Dorf. Da sie nur kleine Sehschlitze hatten und kaum etwas sahen, wurden sie von einem anderen an einer Leine *erimm jezurre*. Das Stroh hatten sie an Bauch und Beinen mit *Hännesjeskoedel* zusammengebunden. Ich glaube, de *Striehbäre* waren froh, wenn sie Abends das »Kostüm« los waren. Im ganzen Dorf roch es nach Berliner, die gehörten zur Fastnacht dazu. Meine Mutter backte *en janze Huppe*, der reißenden Absatz fand.

Die Erwachsenen hatten an *Fasenesch* auch ihren Spaß. Die Wirtschaften waren voll. Wir hatten damals noch vier im Dorf. In zweien gab es auch einen Saal. Die Älteren waren beim *Reinold, dat jung Volek woa en Schmitze*. Alle Wirte hatten die Hände voll zu tun. Die, die einen Saal hatten, mussten dafür sorgen, dass die Tanzfläche blank war. Es wurde Talkum auf den Boden gestreut, damit die Tänzer sich schneller drehen konnten. Da die Säle und Wirtschaften mit Öfen ausgestattet waren, war überall eine Bullenhitze. Das tat der Stimmung aber keinen Abbruch. Und wenn man dann mal »musste«, ging man in den Hof auf den Plumpsklo und die Männer an den »Mist«. Das ganze Dorf war am Feiern und für manche war der Weg nach Hause sehr, sehr lang. Aber schön war es und alle freuten sich *off de nächste Fasenesch*.

Große Wäsche

In »den Jahren« kamen viele Kinder zur Welt. So manche Familie hatte sechs, die meisten (wie wir) konnten mit vier angeben. Es war auch ein Privileg, einen Sohn zu haben. War der Erstgeborene ein Junge, war die Hierarchie gesichert. Wenn das nicht der Fall war, wurde so lange probiert bis es klappte. Was??? klappte??? – Dann hat *de Kindjesbaas* auf einmal ein Kind gebracht. Die »Anderen« waren noch in »*Abrahams Wuschtekessel*«. Ja, man konnte uns alles erzählen, denn wir glaubten es einfach.

Ganz lange waren wir überzeugt, dass eben diese *Baas de Didischje* (heute Babys) in einer Tasche, frisch gewickelt, ins Haus brachte. Wenn heute ein Kind geboren wird, stehen Plastik- oder Holzstörche vor dem Haus und die Kinder wissen schon ganz früh, dass da keinesfalls der Storch, geschweige denn die *Kindjesbaas* (hää?) im Spiel ist.

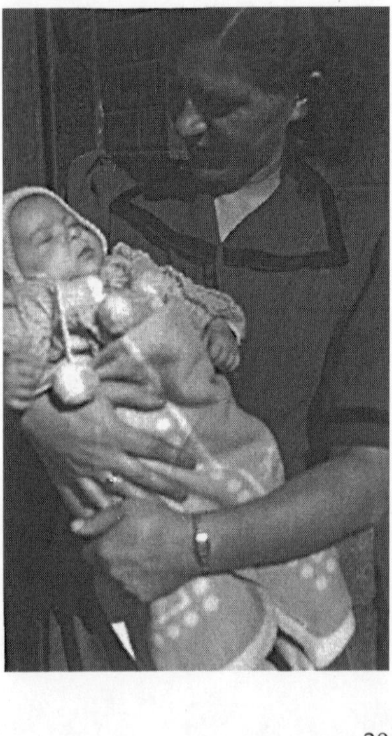

Ich war das erste Kind und ein Mädchen. Mein Vater war sehr froh mit mir. Das dauerte aber nur ganz kurz, denn bald kam mein Bruder *off de Welt*. Man hat mir später erzählt, dass mein Vater *met de Schell* durch das Dorf gelaufen ist, um die Frohe Botschaft zu verkünden. Ich hatte keine Nachteile dadurch und war zufrieden mit allem. Lange blieben wir nicht zu zweit denn dann bekamen wir noch einen Bruder.

Damals wurde ich schon langsam in die Rolle *jedutzt*, in die die Mädchen herein wachsen sollten. Meine Brüder und mein Vater waren ein bisschen die Chefs im Haus, vielmehr »Außer Haus«.

Mama war ein Allround-Talent. Es gab nichts, was sie nicht konnte und wenig, was sie nicht machte.

Morgens, bevor alle wach waren, wurden die Kühe gemolken. Das war Mamas Arbeit. Vater fütterte *de Wutze* und mistete den Stall aus. Auch der Haushalt funktionierte reibungslos. *Em zwölef Oue* stand das Mittagessen auf dem Tisch.

Als ich älter wurde, musste ich den Tisch decken und nach dem Essen abräumen. Dann wurde der »Berg« gespült und ich durfte (musste) abtrocknen und wegräumen. Meine Brüder durften noch ein bisschen ausruhen, ehe sie meinem Vater halfen (mussten) oder spielen gingen.

Bei einer großen Familie fiel auch viel Wäsche an. So viele Kleider hatten wir ja nicht. Es gab *Sunnese un Wähtese Klahde*. Alles sehr zweckmäßig. Die gestrickten Sachen mussten nicht so oft in die Wäsche. (Man soll ja auch Schafe nicht so oft waschen). Aber die Bett- und Unterwäsche wurde gekocht. Bei uns wurde *en de Fedekesch* der Herd angemacht und im Kessel die Wäsche aufgestellt. Es wurde Kernseife in Stücke geschnitten die sich im Wasser auflöste, das war unser Waschpulver. Dann gab es so ein Ding, das war der *Wäschestompe*. An einem Stiel war unten eine Blechdose mit einer kleineren drin. Die innere Dose hatte Löcher und wenn man die Wäsche *stompte*, bewegten sich die zwei Dinger wie Pumpen. Man musste kräftig arbeiten, dann bekam man die Wäsche schön sauber.
Was nicht so sauber war, wurde *met de Worzelsbuscht und Kärsaaf* weiter bearbeitet. So, und jetzt kommt wieder *de Bitt* ins Spiel. Darin wurde die Wäsche im kalten Wasser ausgewaschen. Dann noch in einer zweiten um den Rest der Seife zu entfernen. Das waren drei Waschgänge. Danach wurde die Wäsche ausgewrungen. Bei den kleinen Sachen ging das ja noch, aber *fring* mal ein Betttuch aus!

Wenn alles so weit war, wurde die Wäsche in den Garten getragen und aufgehangen. Es war schön, wenn sie dann im Wind flatterte. Noch heute habe ich den frischen Geruch in der Nase und hänge die Wäsche bei gutem Wetter in den Garten. Aber was ich bis heute nicht gerne habe, ist ganz heißes oder ganz kaltes Wasser an den Händen.

Im Winter hing die Wäsche über Nacht *in de Stuff* über dem Herd.

Später einmal gab es eine kleine Erleichterung. Wir hatten von meiner Tante eine Schleuder bekommen – meine Cousine nannte sie die Wringmaschine. Die musste befüllt werden und auf Knopfdruck schleuderte die Maschine die Wäsche. Man musste sie allerdings mit beiden Händen beschweren, denn sonst machte sie sich selbstständig und hopste durch *de Fedekesch*. Machte man den Deckel nicht richtig zu, flog einem auch schon mal die Wäsche um die Ohren. Wenn ich heute zurückdenke, was war das für eine mühselige Plackerei und das fast jede Woche, spätestens alle vierzehn Tage.

Erst ganz spät, gab es zwei Waschmaschinen, die von der Gemeinde zur Verfügung gestellt wurden und in einem hinteren Raum *en de ahl Schull* standen. Noch später kam dann ein Gefrier-Raum dazu, dort konnte man ein Fach mieten und so Sachen bis zum späteren Gebrauch haltbar machen, denn einen Kühlschrank hatten nur ganz wenige. Ab der Zeit rannten wir mit unserer dreckigen Wäsche, *off em Käaschje, in de ahl Schull fier ze wäsche.*

Da standen sie nun, die zwei Supermaschinen, die alles konnten. Einweichen, waschen, auswaschen und ... WRINGEN.

Ja, das war was. Jetzt mussten wir die saubere Wäsche nur noch aufhängen. Also *widde off et Käaschje un haam*. Flott aufhängen und die neue Ladung in *de Schull koare*.

War die Wäsche trocken, wurde sie schön gefaltet. Dann stapelten sich Handtücher und Unterwäsche auf dem Tisch. Viel zu bügeln gab es nicht, *außer Kesche-Handeesche, Kiddelscherze un Sackdeesche,* oder man hatte keine Zeit.

Aber gut gefaltet ist doch halb gebügelt ... oder?

Das was ich nicht alleine falten konnte waren *de Läineje* (Leinentücher). Wenn Mama keine Zeit hatte, mussten meine Brüder ran. Einer *zog owe un esch unne,* immer hin und her, damit sie schön glatt wurden. Meine Brüder machten sich einen Spaß daraus und da sie viel stärker waren als ich, flatterte auch ich hin und her.

Später dann, in der Schule, lernte ich dann endlich mal wie man es richtig macht. Bitte Kante auf Kante, Ecke auf Ecke, Naht nach innen, *schöön* glatt ziehen und sauber falten (In der Zeit hatten wir zu Hause mindestens drei gefaltet). Naja, das sollte mir dann eben für mein späteres Leben eine Lehre sein.

Schule

Für uns begann das erste Schuljahr am 1. April. Ich war sechs Jahre alt und bis dahin schon erprobt im »Geschwisterverwahren«, Berge von Kochgeschirr zu spülen, »Betten zu machen« und nach dem Essen die Stube zu kehren. Also war, und nicht nur ich, waren wir, mit körperlicher Arbeit schon ziemlich vertraut. Die Mädchen, die jüngere Geschwister hatten, mussten alle früh mit anpacken. Die Schule sollte uns nun Sachen beibringen, von denen wir keine Ahnung hatten.

So stand ich nun da, mit einem selbst genähten Kleidchen, braunen Strümpfen (blickdicht, an *Strombbännele*) und einer blauen Latzschürze, die meine Patentante kunstfertig mit Blumen bestickt hatte.

(Sie war »Weltmeisterin« im Handarbeiten).

Zu erwähnen wäre noch der Schulranzen aus robustem Leder. An der Seite hing an einer gehäkelten Schnur das gehäkelte Tafelläppchen.

Der Griffelkasten aus Holz beinhaltete alles, was wir am Anfang so brauchten. Ein Griffel, um auf die Schiefertafel zu schreiben und später, als wir Hefte bekamen, kam dann Bleistift, Spitzer und Radiergummi dazu. An die ersten Tage in der Schule kann ich mich nicht mehr so recht erinnern. Nur so viel: in der Klasse stand ein bulliger schwarzer Ofen, der an kalten Tagen angefeuert wurde. Einige ältere Jungen waren dafür zuständig.

In der großen Pause wurden Holzscheite und Briketts in die Klasse getragen. Nun war es schön warm.

Nur in der Nähe des Ofens konnte man es vor Hitze kaum aushalten.

In der Pause wurden uns von der Molkerei Kästen mit Kakao und Milch in Glasflaschen serviert. Im Winter war der Kakao oft gefroren, im Sommer sauer. Die *Stochjungen* stellten die Kästen dann einfach auf die heiße Ofenplatte. Öfter krachte es, weil einige Flaschen platzten.

Obwohl wir zu Hause eine kleine Landwirtschaft mit zwei Kühen hatten und jederzeit unseren Kakao bekamen, schmeckte der in der Schule viel besser. Schließlich kostete der ja auch was.

Das schlimmste aber waren die Klos, die auf dem Schulhof standen, aber daran will ich mich nicht mehr erinnern, es war einfach ekelhaft.

In der großen Pause (10 Minuten) standen dann alle Klassen in Grüppchen zusammen. Natürlich Jungen und Mädchen getrennt. Die großen Jungen sangen immer lauthals die neuesten Schlager, Lieder von Interpreten, die heute fast keiner mehr kennt, Freddy Quinn, Ronny, Lolita, Martin Lauer, Caterina Valente, Bill Ramsey (Der Wumbatumba-Schokoladen-Eisverkäufer), Peter Hinnen, Lale Andersen, Connie Francis und viele andere.

Von Connie Francis gab es ein Lied das hieß: »Die Liebe ist ein seltsames Spiel«. Die »Großen« trällerten den Schlager ganz laut in der Pause. Das war ja gut und schön, aber unsere streng katholische Lehrerin zitierte alle Klassen in einen Raum, und erklärte uns stundenlang, dass die Liebe kein Spiel, sondern eine ernste Angelegenheit sei.

Das hatten wir jetzt davon, Nachsitzen, weil in dem Lied die Liebe im Spiel war, die gar kein Spiel ist.

Das ist meine Jetje, die Handarbeitsweltmeisterin.

Im Frühling geht's los

Das Frühjahr war immer voller Arbeit. Hatte man in den Wintermonaten Kraft gesammelt, ging es im Frühjahr richtig ab. Wenn die ersten Sonnenstrahlen die Wiesen, Gärten und Felder wärmten, wurden sie bearbeitet. Die meisten Leute im Dorf waren Bauern und hatten mehrere kleine Felder, nicht nebeneinander, nein überall in jeder Himmelsrichtung ein Eckchen. Unser Nachbar, der mit seiner Schwester in einem Haus wohnte *(et Lis un de Mattes)* hatte zwei Kühe, die wurden angespannt *un fir de Ploch ode de Woon jebunne*. Dann ging es ab auf's Feld. Wir hatten ein Pferd, *de Fanni*, das war nicht so störrisch wie *em Mattes säin Keeh*. Ich weiß es deshalb, das es Kühe und keine Ochsen waren, weil *de Mattes* eines Nachts ganz aufgeregt bei uns klopfte (keiner im Dorf hatte eine Klingel) und meinem Vater zurief: *»De Koh kalleft, et jaad net vierranne.«* Mein Vater sprang aus dem Bett. Mittlerweile waren alle wach. Es war schon etwas besonderes, wenn ein Stück Vieh auf die Welt kam. Morgens kam mein Vater dann müde nach Hause, *un de Mattes* hatte ein neues *Bunnesje*. Wir durften das Kälbchen dann später begutachten, es stand schon. Man half sich in der Nachbarschaft.

Hatten wir eine *Wutz jeschlacht* bekam jeder *en Läwe- un en Bloodwuscht*. Außer *em Lis un em Mattes* lebten noch zwei Schwestern (Hette) in unserer Nachbarschaft. Die bekamen noch eine große Kanne *Wuschtebreet* dazu. Die beiden waren sehr arm und hatten keinen Ernährer. Ich weiß, dass sie eine Ziege hatten, die im Winter nachts mit den beiden in der Stube »wohnte«. Die Beiden waren sehr dankbar wenn wir kamen, aber meine Brüder und ich hatten immer ein bisschen Angst vor der *aane Hett*. Neben der kleinen offenen Küche hatten sie eine kleine Stube, darin stand »ein« Bett. Die eine Schwester war krank und lag in dem Bett, die andere legte sich abends einfach dazu. Ja und im Winter wurde es dann eng, weil ja noch *de Jaas en de Stuff koom*. Zu der einen Schwester kam dann einmal im Monat *de Pasdur met de Kran-*

kekommion. (Mein Bruder war Messdiener der sagte dann: »*Tief einatmen, de Loft anhaale, bimmele un flott erous, wäjen der Jaas!*«) Hörte man das Glöckchen klingeln, ging man schnell in Deckung, schafft man es nicht, musste man sich auf der Stelle hinknien, das Kreuz schlagen und »Gelobt sei Jesus Christus« sagen.

So, noch einmal zum Frühjahr. Im Garten hatten wir eine Ecke mit *Kill* (Rüben und Kohlrabipflanzen). Die Pflänzchen saßen dicht an dicht. Meine Mutter und ich knieten auf einem Sack und zählten immer fünfzig ab und legten sie feinsäuberlich aufgeschichtet immer kreuzweise neben uns. So wussten wir immer, wenn es genug für ein Feld waren. Da *de Kill* noch sehr *schwunkesch* waren, wurden sie nur bei Regenwetter *ousjeroppt*. Da knieten wir dann *em Rään un em Matsch* und zählten *Kill*. Am nächsten Tag ging es dann ins Feld. Das hatte mein Vater schon vorbereitet. Jetzt kamen *de Päckeltje* zum Einsatz. Jeder bekam *säin Fuhr* (Vater, Mama, meine Brüder und ich) *e Päckeltje Kill un jetzt sätzt*. Immer mit einer Fußlänge Abstand. In der feuchten Erde wuchsen die Pflanzen dann schnell an aber auch das Unkraut, *et Schessmell*. Also Wochen später wieder auf's Feld. Jeder in seine Reihe und mit der Hacke zwischen jeder Pflanze das Unkraut ausgraben. Es gab auch Pflanzensamen, den konnte man bei einem Händler kaufen. Er pries seine Ware schwer an: »*De wären su deck be Kaffipotte.*« Die Samen wurden einzeln in die Erde geworfen. Das klappte nicht immer, also wurden sie später *jedrillt un veaanzelt*. Der Werdegang von *Rummele un Kullerawe* hat mich immer sehr beeindruckt (heute noch). Es war ja nicht so, dass man dann fertig war. Die Rüben hielten die Bauern das ganze Jahr über auf Trab. Im Herbst wurden *de Rummele* einzeln ausgegraben. Dann wurde *jeblatt*, per Hand jeder Knolle, die Blätter abgedreht oder mit einem scharfen Messer abgehauen. Die ausgemachten *Rummele* kamen dann in *de Rummelekoul*, wo sie mit Stroh und Erde für den Winter aufbewahrt wurden. Wenn der Vorrat zu Hause zu Ende ging, wurde *de Fanni anjespannt* und wieder ging es ins

Feld, absortieren. Hatte man *de Woon* voll, ging es ab in die Badewanne, *de Kullerawewäsch*. Die Rüben kamen in das erste von drei Becken, da wurde der gröbste Schmutz abgewaschen. Der Dreck war meistens noch gefroren, deshalb half man mit den *Kraaf* nach und *schippelte* sie damit hin und her. Dann wurde die zweite *Schurpp* aufgemacht und die Rüben gebadet. Noch ein Waschgang und man konnte seine Last nach Hause bringen. An *de Kullerawewäsch* war immer viel los. Meistens gab es einen langen Stau von *Fohrwerke*. Aber es war auch ein Kommunikationszentrum, *me jof imme jad jewoar.*

Zu Hause *en de Fedekesch stand de Kretzmill*. Jeden Abend wurde *jekretzt, un de Wutze, de Keh un et Päad* bekamen ihren Nachtisch in schönen kleinen Stückchen serviert, *(dat se sech net veschlucke)*.

Bei uns wurde Sonn- und Feiertags nicht *jekretzt*. Das erledigten meine Brüder dann vorher. *Kretze* war Männersache. Tat man zu viel *en de Mill*, bekam man sie nicht mehr gedreht, warf man nur eine *Rummel* rein, machte sich der Schwengel selbstständig.

Nachbar Mattes mit seinen Kühen.

Was mich immer noch zum Nachdenken bringt ist, dass das alles in Handarbeit ohne Traktor und nur mit Pferd, Pflug, Wagen, Hacke und Muskelkraft erledigt wurde.

Es war eine Meisterleistung, wie die Menschen damals *met Veeh em Stall und met dem Bouerekrom iwe de Runde kumme moste.*

Kommunion

Wenn wir zwei Jahre die Schule besucht hatten gingen wir mit *se Kommion*. Im Religionsunterricht wurden wir belehrt, was es bedeutet, zum ersten Mal den »Leib Christi« zu empfangen. So richtig konnten wir uns darunter nichts vorstellen. Zuerst mussten wir beichten gehen. Beichten? Der Pastor saß in einem *Kabuff* (Beichtstuhl) hinter Gittern, wir knieten davor auf einem Bänkchen und sollten unsere Sünden beichten. Vorher hatte man uns gesagt, was wir alles falsch gemacht hätten. Ich wusste nicht, warum ich einem Mann hinter Gittern etwas sagen sollte, was eigentlich nicht geschehen war. Aber es musste sein, denn wenn man irgend etwas gemacht, oder nicht gemacht hatte, sollte man das beichten. Also gingen wir brav in die Kirche und erzählten dem Pastor unsere Sünden. Es gab lässliche Sünden und Todsünden. Meistens waren es wöchentlich dieselben die man beichtete. (Manchmal fragte ich zu Hause zur Sicherheit noch mal nach, was

ich sagen sollte). Der Pastor bekreuzigte uns dann und gab uns eine Buße auf, (*e Jegrüsset sais du Maria un e Vaterunser*, ich denke für die lässlichen Sünden). Die verrichteten wir postwendend in der Kirche und waren froh, wenn wir dann wieder rein waren. In der Kirche musste man immer sehr brav sein, nicht reden, nur gerade aus kucken, ja nicht lachen. Einmal habe ich erlebt, dass der Pastor aus dem Beichtstuhl stürmte und einem Jungen ins Gesicht geschlagen hat, nur weil er seinen Freunden zugegrinst hatte, von da an glaubte ich, dass Grinsen eine Todsünde sei.

Die Vorbereitungen für »Das Fest« liefen nicht nur in der Kirche, sondern auch zu Hause auf Hochtouren. Als *Kommionkend* hatte man die Aufgabe seine Gäste einzuladen. Das wurde am Ostermontag erledigt weil der große Tag immer am Sonntag nach Ostern war. In »der Woche« gab es viel zu tun. Da nicht so viel Platz im Haus war, wurde das Schlafzimmer meiner Eltern ausgeräumt und dort die Tische und Stühle aufgestellt. Für mich aber war mein *Kommionklaad* und das ganze Zubehör wichtiger als Möbel verrücken. Ich hatte von meinem Onkel, der eine Kleiderfabrik besaß, ein wunderschönes duftiges weißes Kleid bekommen. Es passte gut, nur war es etwas zu lang, deshalb nähte meine Mutter einen großen Saum in das Kleid, denn es hätte ja sein können, *dat dat Kent noch en Schuss daat befir et lossjaad*. Meine *Jetje* (die Strickweltmeisterin) hatte mir noch *e Jäckeltje jestreckt fir* alle Fälle. Der Tag begann wunderschön. Wir *Kommionkenne* und unsere Eltern (auch im Sonntagsstaat) wurden morgens an der Schule vom *Pasdur un de Messdeene aafjejänt* und in einer Prozession zur Kirche begleitet. Das war ein schönes feierliches Bild, die Mädchen in ihren weißen Kleidern und Kränzchen in den Haaren die Jungen mit dunkelblauen *Bleyle-Anzügen* und Sträußchen am Revers. Die *Kommionskeerz* war mit *Asberakus* und einem Kerzentuch geschmückt, das dafür da war, dass man sich nicht »versaute« wenn die Kerze tropfte.

So gingen wir dann in die Kirche um den »Leib Christi« zu empfangen. Vorher hatten wir uns ausgemalt, wie der »Leib Christi« schmecken würde. Man hatte uns gesagt, dass man »Ihn« nicht kauen, sondern nur langsam mit Spucke aufweichen soll. Aber oje, kaum hatte ich die Hostie im Mund klebte der »Leib Christi« an meinem Gaumen. In der Aufregung hatte ich die Spucke vergessen. Zu meiner Beruhigung war ich nicht allein. Aber alle hatten den Eindruck, dass da etwas geheimnisvolles passiert war. Es gab auch diese Vorschrift, wenn man *kommezere joong*, dass man vorher nüchtern bleiben muss, nix essen, nix trinken. Manch einer fiel einfach um weil ihm schlecht geworden war. Meine Freundin hat mir später einmal erzählt, sie hätte vorher ein Plätzchen gegessen. Das war für sie so schlimm, dass sie heute noch mit einem schlechten Gewissen daran denkt. Einem anderen Kind erging es noch schlimmer. Es hatte etwas gegessen und wurde nicht zur Kommunion zugelassen.

Nach der Kirche und vielen Gratulationen ging es nach Hause zum Festessen. Wir hatten Köchinnen bestellt und wurden bekocht. Natürlich gab es *Rindfleisch-Sopp met Markklies, Remuladesoss un Rindfleisch*. Dann *Broode, Jemees un Krombere*. Nachmittags, wenn *me ous de Andacht zereck woa*, gab es Kaffee und Kuchen, mein *Kommionskooche* war eine Buttercreme-Torte die Mama wunderschön verziert hatte. Obendrauf lag eine große Oblate mit dem Spruch: »Zur Ersten heiligen Kommunion«. Abends noch mal warmes Essen, dann musste das Kommunionkind ins Bett, weil am nächsten Tag der »Zweite Tag« war und wir wieder in die Messe mussten.

Aber erst einmal gab es nach dem Essen die Geschenke, *en Ouhe, e Jebetboch met Joldschnitt un em Nomme dren, e Kreizje met Kettje, en Muttergottes met Kindje, de Anfang vom Selewe Besteck un jat fir de Spoarbix*. Am zweiten Tag kam die Nachbarschaft. Die brachte dann *de Sammeltasse, viellecht noch e Wäiewassekesseltje un widde eppes fir de Spoarbix.*

Natürlich hatte man für den zweiten Tag auch ein zweites Kleid. Meins war aus dunkelblauem Samt mit Stickerei.

Mama hatte es mir mit dem Stoff vom Onkel genäht. Das war ein schönes Fest gewesen das mir unvergessen blieb.

Später wurde dann noch ein Fotograf bestellt der das Ereignis mit der Kamera festhielt. *Schulle-Toni* kam zu uns nach Hause und Mama und ich gingen in Positur. Mein Vater hatte sich verdrückt und war froh, dass er wieder seiner gewohnten Arbeit nachgehen konnte. Ich glaube er hatte schon im Hinterkopf, *oje nächst Joae mos esch mäi Schloffzemme widde ausroume.*

Noch eine Anmerkung: Da der Kommunionunterricht in Düngenheim stattfand, mussten die Kinder aus Urmersbach zu uns kommen. Sie wurden *Kommionsjeselle* genannt. Die nahm man dann mit zum Essen, so konnten sie gestärkt zu Fuß nach Hause gehen.

Hochzeit im Dorf

Im Frühjahr wurde geheiratet. Wir »Kleinen« hatten beobachtet, wie manche Paare sonntags spazieren gingen, um zu zeigen, wir gehören zusammen. Wir kicherten, wenn wir zwei *Händjes* sahen. Das war aber auch das größte, was man in der Öffentlichkeit zu sehen bekam. Alles war mehr oder weniger streng geheim, aber das ganze Dorf wusste Bescheid. Die jungen Frauen hatten rote Backen, wenn sich der Angebetete näherte und der *schlawänselte* siegesgewiss daher. Im Dorf wurde gemunkelt »ob das gut geht« Oder: *»de passen ewe goot sesomme, ode de hat me doch sesommejedout.«* Was das alles bedeutete, hörten wir, wussten aber damit nicht viel anzufangen. Hatte eine junge Frau *eppes an de Feeß,* hatte sie gute Chancen, den zu bekommen, den sie haben wollte. Denn man kuckte schon, wo man blieb, und mancher Anfang wurde dadurch leichter.

Wenn Hochzeit war, waren alle ganz aufgeregt. Jeder wollte die schöne Braut mit ihrem weißen, meist langen Kleid mit Schleier sehen. Den Bräutigam interessierte kaum jemand – *Schwaze Anzuch, wäiss Himm, fertich ab*. Im Brautstrauß waren meistens Nelken oder Gladiolen, rundherum der obligatorische *Asberakus,* der hing dann in langen Ranken aus dem Strauß herunter.

Oh, be schien, kuck aas de schiene Bloome, su en schien Brout, se hat och wäisse Hänsche an. Gemächlich schritt die Braut *off de Aldor*. Das Paar saß oben, da wo sonst keiner hinkam. Dahinter mit ernsten Gesichtern die *Huxensjesellschaft* meistens ganz in Schwarz. Das war sehr festlich.

Manche Paare hatten kleine Mädchen vor sich laufen, die aus einem Körbchen Blumen auf den Weg streuten. Neben dem Brautpaar standen die Trauzeugen. Die Mädchen (es durften keine verheirateten Frauen sein) standen auch mit kleinen Blumensträußchen neben dem Paar – natürlich auch in Begleitung von zwei Junggesellen. Aber, wie gesagt, fielen uns die gar nicht auf. Ja, und dann gab es auch noch *de*

Keezemädje. Das war eine besondere Auszeichnung. Einmal durfte ich auch *Keezemädje* sein. Ganz gewissenhaft machte ich meine Arbeit und passte auf, dass die Hochzeitskerze nicht tropfte.

Übrigens waren die Hochzeitskleider und Anzüge fast alle noch selbst genäht und bei vielen hängt dieses kostbare Stück noch *off em Späiche*. Nach der Kirche kam dann das *Huxensbild*. Alles reihte sich neben und hinter dem Brautpaar auf. Jetzt waren die Gesichter schon fröhlicher, freute man sich doch auf das, was die neuen Eheleute ihren Gästen auftischen würden.

Das Hochzeitsfoto meiner Cousine im Februar 1956.

Oft wurde im Haus der Braut gefeiert. Man räumte *de Stuff* aus um die Gesellschaft unterzubringen. Aber die meisten Leute hatten keinen Platz und so ging man in *Kehres ode bäi de Reinold off de Saal*. Da konnte man gut und gerne 100 Leute unterbringen. Der Haken an der Sache aber war das Kochen. Entschied man sich für *Kehres* war die Küche schön groß, die Wirtschaft aber etwas kleiner. Ging man *bäi de Reinold,* war der Saal schön groß, aber die Küche ein winziger Schlauch. Es kam immer auf die Zahl der *Huxensläid* an. Also, erfinderisch wie man sein musste, hatte man auch hierfür eine Lösung parat, denn die Vorarbeit begann zu Hause. Meistens wurde ein Schwein geschlachtet, schließlich war man Selbstversorger und alles wurde aufgeboten, was man im Stall oder Garten hatte. *Me woll sech jo net lompe loose.* Viele Familien waren froh, wenn sie die Tochter unter der Haube und so einen Esser weniger im Haus hatten. Zu Hause wurden *biddewäiese* Kartoffel geschält *un Schloot jefäächt*. Es wurde Mayonnaise angerührt *(hoffenlech jerinnt se net)* und Markklößchen gerollt. Der Braten wurde angebraten *un de Budding jekocht* und das alles am Tag vorher, sodass man beim *Hillegad* in der kleinen Küche nur noch fertig kochen musste.

Dann kam der zweite Akt. *De Bidde met de Krombere un de Schloot* wurden mit Wasser *bäi et Hillegad jetron.* (Wenn ich das Bild heute vor Augen habe muss ich lachen, da *schlaaft me dat Jescher durch et Dorf.*) Es wurden für den großen Tag Köchinnen bestellt, die dem ganzen dann den letzten Schliff gaben. Man bestellte auch junge Mädchen *fir off se troon*. Zum Mittagessen gab es als Vorspeise eine kräftige Rindfleischsuppe mit Markklößchen und *Soppefleisch met Remuladesoss.* Anschließend war der Braten dran. *Rends- un Schwäinebroode met vill Soos,* Kartoffel und Gemüse. Meistens *Erwes un Mieschje*. Die *Auftrage-Mädchen* kamen ganz schön ins Schwitzen, musste doch immer wieder nachgefüllt werden. Manche dachten sich bestimmt: *»Komm, e besje jaad noch eren, bäar waas wann me noch emol su jatt godes kreen.«* Auf den Tischen stand Wein von *de Mussel*. Wenn man Glück hatte, war er nicht sauer. Zum Nachtisch kam dann der Pudding. *Schucklade, Vanille un Karamell.* War man *romp un stomp* satt, machte sich die Gesellschaft zu einem Spaziergang auf. Man ging zum Friedhof *un an et Krejedenkmool,* machte dort kurz Rast, sagte den Lieben die dort lagen »Guten Tag« und war pünktlich zum Kaffee wieder am Platz und schon hatten alle *widde richtesch Hunge.* Jetzt gab es *Käskoche, Sahne-Nuss, Buttercreme un Erbeleboddem met Sahne.* (Der Buttercreme-Frankfurter-Kranz zählt heute noch zu meinen Lieblingskuchen). Was da unten in der Küche passierte, bekamen die Gäste nicht mit. Nach dem Mittagessen: spülen – nach dem Kaffee: spülen. Abendessen fertig machen und wieder spülen (nix Spülmaschine – Handarbeit). Abends kam noch mal warmes Essen auf den Tisch. Schnitzel mit Kartoffeln aber diesmal *met Schloot.* Aber vorher, *owei,* war der Saal auf einmal leer, nur das Brautpaar und ein paar Ältere saßen noch so rum. Das hatte auch wieder einen Grund. *Man most doch federe joon, de Wutze hatten Hunge un de Keeh moßten jemolek wäre.* Das ging an dem Tag rasend schnell und flott waren alle wieder da *un hatten schwär Hunge.* Zwischen den Mahlzeiten gab es die Geschenke für den neuen Ehestand. Bettwäsche, Haushaltsgegenstände und oft auch ein paar Scheine. Es gab auch ein Unterhaltungsprogramm. Die Kinder sagten Gedichte auf, es wurde gesungen und geschunkelt. Mancher Vortrag trieb den »Wissenden« die Tränen in die Augen und die Unwissenden mussten erst einmal herausfinden warum. Schnell war die Stimmung auf dem Höhepunkt. Hielt der Bräutigam lange durch wurde er hoch leben gelassen. Es konnte aber auch vorkommen, dass die Hochzeitsnacht ins *Wasse* fiel.

Apropos Hochzeitsnacht, was war so besonders dran? Die Männer protzten und die Frauen schlugen verschämt die Augen nieder und lächelten. Ich fragte mich, warum musste man sich darum so viele Gedanken machen. Was sollte denn da passieren, außer dass da zwei anstatt einer im Bett lagen? Später, sehr viel später, konnte ich verstehen, warum.

Trug die Braut keinen Schleier oder fiel die Hochzeit kleiner aus, eher heimlich, war den Leuten klar, dass es einen »Fehltritt« gegeben hatte. Da war die Braut doch tatsächlich keine Jungfrau mehr! Sie hatte es gewagt, mit ihrem Liebsten die Hochzeitsnacht vorzuziehen. Auch wenn man schon auf dem Standesamt war, war man ja nicht richtig verheiratet. Standesamt zählte vor Gott nicht. Man war erst richtig verheiratet, wenn man in der Kirche »Ja« gesagt hatte. Wenn es aber vorher schon passiert war, *un de Frau jezurre koom,* war das ein Grund, die Übeltäter zu bestrafen, also kein Schleier, keine frohen Gesichter und immer ein schlechtes Gewissen.

Noch eine Anmerkung: Die meisten Hochzeiten bei Bauernfamilien fanden im Februar oder im Spätherbst statt, wenn es in Feld und Flur nur wenig Arbeit gab und man mehr Zeit hatte.

Kirmes im Dorf

Anfang Juni stand die Kirmes an. Wir Kinder freuten uns auf die Abwechslung die uns vielleicht geboten wurde. Hoffentlich *kimmt de Räidschull un de Scheffschoukel?!* Man war sich nie so sicher und alle warteten auf die ersten *Kermesween.*

Auch zuhause gab es noch viel Arbeit. Die Stube wurde ausgeräumt *un jewäißt.* Dafür kam *de Wäißbänne en't* Haus. Es gab noch keine Tapeten und die Wände wurden mit einer Rolle bearbeitet. Auf der Walze waren Muster eingeprägt und man konnte sich eins aussuchen. Es gab sehr schöne Blumenmuster wie Veilchen, Rosen, Blätter oder einfach nur Striche. Die Muster waren meistens dezent, musste man sie doch das ganze Jahr über ertragen. Auch die Fenster wurden neu gestrichen. Da die Scheiben mit Kitt befestigt waren, der mit der Zeit brüchig wurde, wurden sie neu eingekittet. War das erledigt, war *de Wäißbänne raad.* Jetzt kam Mamas Stunde (mal wieder). Der Holzboden wurde geschruppt und *jemellescht.* Die Milch brachte den Boden schön zum glänzen. Mama deckte den Boden dann mit Zeitungen ab und wir liefen morgens darüber weil die Milch nicht so schnell einzog.

Die *Owenoffedrapp* (Treppe) wurde *met Läinollesch* oder Bohnerwachs bearbeitet. Alles glänzte und roch wie neu. Mama hatte auch neue *Schäiwe- un lwwegadiene jenäht.* Es sollte ja *fir de Kermes alles schien säin.* Auch wir bekamen einen neuen Anstrich. Meine Brüder neue *kouze Boxe* und ich *e näi Kladje.* Auch Mama nähte sich etwas Neues. Vaters Anzug wurde aufgebügelt.

Apropos Bügeln, das war auch nicht so einfach. Bei den meisten Sachen brauchte man das nicht. Pullover, Lederhosen, Strümpfe alles bügelfrei. Am ehesten wurden die Kittelschürzen *un de Sackdeche jebiejelt.* Die Bügeleisen wurden auf dem Herd aufgeheizt. Dann wurde auf die Anzugshose ein nasser Lappen gelegt und so lange gebügelt, bis er trocken war. Das war wahrscheinlich der Vorgänger des Dampfbügeleisens. Anschließend wurde der Stoff noch mit kaltem

Kaffee abgebürstet. Damit verschwanden die glänzenden Stellen und der Anzug war wie neu. Auch der Hut wurde so bearbeitet und mein Vater war so auch »wie neu«. Mama sagte dann, die *Heinzelmänntje woaren am Werk.* Die Mütter legten oft ganze Nachtschichten ein.

Da viele unserer Verwandten im Dorf wohnten, hatten wir *kaan Kermesläid.* Trotzdem hatten wir natürlich auch Kirmes. Der Tisch wurde schön gedeckt mit einer weißen Tischdecke und das Service mit dem Goldrand aus der Versenkung *jeholt*. Nachmittags zum Kaffee kam dann die bestickte Tafeldecke auf den Tisch, die von mittags war ja *vesout*. Diese Tafeldecke kam jeden Sonntag, auch in späteren Jahren, immer wieder auf den Tisch. Ich habe sie heute noch.

Sonntagmorgens um 7.00 Uhr ging Mama in die Frühmesse, denn auch ohne *Kermesläid* gab es das Kirmesessen. Ihr wisst ja, *Rindfleisch-Sopp met Markklies ade Eierstich, Broode met Soss, Jemees un Krombere un dann de Budding – Welfenspeise.* Aber vorher mussten wir ins *Huhamt*. An Kirmes kamen noch immer zwei *Pastöre* hinzu. Da standen dann die »Drei Herren« mit dem Rücken zur Gemeinde und brummelten

Der Kirmesumzug der Düngenheimer Junggesellen in den 1950er Jahren.

(meist in Latein) das *Huhamt*. Natürlich war Ordnung in der Kirche. Vorne die Kinder, schön nach Alter, rechts und links *em Säitealdor de aale Fraue* und hinten, schön voneinander getrennt, Frauen und Männer. Es gab auch ein *Mannhous*. Wie der Name schon sagt, durften *of et Mannhous* nur Männer. Das Dreiherrenamt dauerte immer sehr lange und oft wurde in den hinteren Bänken geschnarcht. Da ich *kommezere john woll,* musste ich nüchtern sein, aber die Kirche war rappelvoll und mir wurde manchmal schlecht. Dann rannten die »Drei Herren« auch noch *met'em Wäihrauchfass im de Aldor.* Aber wenn de *Wickens-Pätt* am Schluss auf der wunderschönen Pfeifenorgel in die Tasten haute und wir unserem Schutzpatron, dem heiligen Simeon, das Schlusslied aus voller Kehle sangen, war auch der letzte wieder wach. Die Männer machten noch einen Frühschoppen und dann ging es ab nach Hause zum Festessen. Es konnte auch passieren, dass einer *kläwwe blieff.* Der hatte dann Mühe, geradeaus zu gehen. Manchmal war die Straße einfach zu eng. Nachmittags ging es noch mal in die Kirche zur Vesper. Die war schnell vorbei, denn die »Drei Herren« hatten ja schließlich auch Kirmes.

Ich kann mich noch gut daran erinnern, als die ersten Petticoats in unser Dorf kamen. Oh, das war was. Im Rocksaum war ein Draht eingenäht und der Rock »tanzte« hin und her. Setzte man sich auf den Rock, ging der nach oben und die Trägerin bekam das »Drahtding« kaum gebändigt. Ein Mädchen hatte einen besonders weiten Petticoat. Wir warteten darauf, dass sie zur Vesper kam und sie sich setzte. So viel zur Andacht während der *Väaspe*.

Dann ging es endlich *of de Kermes*. An *de Scheeßbud* schossen die »Großen« Rosen *fir ihre Mädje*. Die »Kleinen« staunten über die Treffsicherheit der Jungen und die leuchtenden Augen der Mädchen. Wir konnten uns an den anderen Buden nicht satt sehen und manche hatten ihr *Kermesjeld* noch in der Tasche, weil sie nicht wussten, was sie kaufen sollten. Es war ja alles so schön *un of de Scheffschoukel un de Räidschull woll me jo ach noch joon.* Für die »Großen« gab es abends Tanz *off em Saal.* Dort spielte eine Kapelle bis tief in die Nacht hinein, bis es hieß: *»De dräi Letzte.«* Oft mussten noch Zugaben her, ehe sich die Gesellschaft auflöste, oder man noch *bäi dem ahn ode annere Kaffee trenke joong.* Ganz viele Freundschaften wurden geschlossen, die ein Leben lang hielten. Es gab ja kaum Möglichkeiten andere Leute kennen zu lernen.

Kirmesmontag schlug dann die Stunde der Junggesellen. Nach der meist kurzen Messe stellten sie sich in Reih und Glied zum *Zuch off. De Zuch kitt, de Zuch kitt.* Alle Kinder rannten zum Aufstellungsplatz. Immer noch hab ich den Satz im Ohr: *De säin met de kouze Boxe de Musik nah jelaaf.* Vorneweg *de Tombourverein un de Pasdur, der war ja auch Junggeselle und zackig ging es an et Krejedenkmool.* Es wurde ein Kranz niedergelegt, ein Gebet *vom Pasdur* gesprochen und genau so zackig ging es zum traditionellen Frühschoppen.

Für uns war das auch wieder sehr feierlich, dachten wir doch schon daran, dass wir auch irgendwann mal an der Reihe sind. Aber vorerst blieb uns nur die Vorfreude auf das nächste Jahr, wenn *widde Kermes em Dorf ess.*

Ferienzeit

Sommerferien gab es für uns nur in der Schule. Wenn Ferienzeit war, war auch Erntezeit. Das Heu musste eingefahren werden und die ganze Familie wurde eingespannt. Morgens, in aller Frühe, ging mein Vater mit der Sense über der Schulter, den Schleifstein *em Schlottefass an de Koppel* zum Mähen. Wir hatten in den Jahren keine Mähmaschiene und keinen Heuwender. So musste alles, wie immer, in Handarbeit erledigt werden. Die Wiesen waren ja nicht sehr groß und meistens hatte mein Vater Mittags schon eine gemäht. War das Wetter gut, hatten wir schon bald unseren Einsatz. Alle Mann zum *Hai wenne*. Jeder bekam einen *Graaf* (Heugabel), seine Reihe und warf das schon angetrocknete Gras *erimm*.

Hoffendlech hält et Wädde, winnesdens bess dat de ichte Fuhre in de Schoue säin. Man war ja ganz dem Wetter ausgeliefert. Ich erinnere mich noch mit Schrecken an die Gewitter, die mir als Kind so bedrohlich waren. Heute noch hab ich Angst bei Gewitter und werde deswegen oft ausgelacht. Plötzlich wurde der Himmel ganz gelb. *Owei Owei*, schnell machte man alles dicht und hockte sich in der Stube ganz eng zusammen. Der Rosenkranz wurde *eroff un erunne jebätt*. Kam das Gewitter nachts, mussten wir aufstehen und uns anziehen. Es lagen immer Streichhölzer und Kerzen bereit, weil ganz oft der Strom ausfiel und wir im Dunkeln saßen. Dann ging es los … es blitzte und krachte. Wir hielten uns die Ohren zu und ängstlich blickten wir aus sicherer Entfernung nach draußen. Wenn wir zwischen Blitz und Donner nur bis drei zählen konnten, war das Gewitter direkt über uns. *»Et Gottesje schännt«*, das war der Spruch, den man gerne sagte. Aber unsere Eltern nahmen uns die Angst: *»Dat jaad och erim.«* Dann kam der Regen. Es gab keinen Kanal und sturzbachartig floss die braune Brühe *de Stroos erunne su dat et Flosste et kaum jepackt* hat. War das Schauspiel zu Ende, kamen wir langsam wieder ans Tageslicht. Ganz oft schlug auch der Blitz ein. Ich weiß noch, dass einem Freund meines Vaters das passiert ist. Er war mit seiner Frau und seiner Tochter im Heu, als es anfing. Beide hocken sich unter einen *Haihoppe,* der Mann blieb bei seinem Pferd, als genau da der Blitz einschlug. Das Pferd war nicht zu retten und der Mann überlebte schwer verletzt.

Der Regen hatte alles blitzsauber gewaschen, die Luft war frisch und alles roch so gut. Heute noch hab ich den Geruch in der Nase. Wenn so ein Gewitter niederging, war es natürlich aus mit *Hai maache.* Oft aber hatten wir Glück und konnten später das Heu einfahren. Also wieder alle ans Werk. Jetzt fuhren wir mit unserer *Fanni* ins Heu.

Vater war der Auflader, Mama und ich standen *off em Woon* und *dänselten* das Heu ein, so das möglichst viel auf den Wagen passte. Mein Bruder hatte die Aufgabe die Wiese zu kämmen. Kein Hälmchen durfte liegen bleiben. Der Eisenkamm (er war rot) war für meine Begriffe, damals, riesengroß und mein Bruder mühte sich mit dem schweren Ding ab. Oft hatte er blutige Fersen. Mein kleiner Bruder hatte auch eine ehrenvolle Aufgabe. Er musste dem *Pääd de Mecke weh-*

Am Elzbach.

re. War der Wagen voll beladen, wurde das Heu mit einem Seil festgezurrt. *Hoffendlech jaad et good*. Die Wege waren oft sehr beschwerlich, weil die *Fuhre* so ausgefahren waren. Man hatte Angst, dass der Wagen umschlägt. Was mehr als einmal passiert ist. Erst wenn wir ins Dorf einfuhren, durften wir auf dem Wagen mitfahren und thronten stolz oben auf dem Heu. Zu Hause angekommen, gab es zuerst einmal eine Erfrischung. Kaltes Wasser *ous em Kranne*, dazu ein bisschen Natron, etwas Zucker und einen Spritzer Essig. Das ganze gut verrührt schmeckte wie Limonade und löschte prima unseren Durst. Auch Fanni bekam seine Ration Wasser, aber pur. Dann wurde das Heu in der Scheune abgeladen. Mir wurde gesagt: *ab de Schleeslaate eroff un widde endänsele*. Das war eine staubige und kitzlige Angelegenheit. Ich hab das nicht gerne gemacht, aber die Freunde meiner Brüder *ous de Strooß* haben uns gerne geholfen, alleine schon wegen der Limonade. Das ging so, bis alle Wiesen abgemäht waren und wir genug Futter für den Winter hatten. Wenn absehbar war, dass am Montag Regen gemeldet war, das Heu aber unbedingt in die Scheune musste, holte man sich den Segen aus der Kirche. Wenn der Pastor von der Kanzel grünes Licht gab, durfte am Sonntag gearbeitet werden. Wir liefen schnell nach Hause und riefen: *et es offjedoon*. Wenn nicht, naja, der Pastor war kein Bauer, hatte kein Heu einzufahren, also keine Ahnung. Die Bauern machten das, was sie für richtig hielten. Ich glaube, der liebe Gott hatte nichts dagegen.

Es war aber nicht so, dass wir immer eingespannt waren. Wir hatten auch frei und durften Schwimmen gehen. Die Elz war unser Schwimmbad. Wir rannten den Weg bis zum Wasser und freuten uns auf das kühle Nass. Das Wasser war eiskalt. Mein Bruder hatte ganz blaue Lippen und wollte gar nicht mehr an Land. Die wenigsten von uns konnten schwimmen und deshalb hielten wir uns da auf, wo wir nur knietief im Wasser stehen konnten. Na gut, die Jungen waren immer mutiger als wir Mädchen, wir hatten meistens nur nasse Füße. Außerdem keinen Badeanzug, geschweige denn einen Bikini. Aber es war so schön, wir hatten Decken dabei und lagen auf der Wiese in der Sonne. Spät am Nachmittag machten wir uns auf den Heimweg, *de Elzbersch eroff.* Donnerwetter war der *laaaaang*. Braun gebrannt und von Mücken zerstochen kamen wir nach Hause. Das waren schöne Ferientage, wir hatten frei und durften uns am und im Wasser austoben. Eine Klassenkameradin hatte es besonders gut. Sie hatte Verwandte in der Stadt und blieb dort ganze vier Wochen. Was die alles erlebt hatte, davon konnten wir nur träumen. Noch heute erzählt sie von dieser schönen Zeit. Manchmal glaube ich, war ich ein bisschen neidisch.

Aber wir hatten ja die Elz.

Ernte anno dazumal

Auch der Sommer war voller Handarbeit. De *Frischt* musste abgemäht und gedroschen werden. Es war die Zeit, in der die ersten Binder ins Dorf kamen. Das war eine Erleichterung. Man brauchte *de Frischt* nicht mehr *met em Grimmesje* abzuschneiden und *met Striebännele zo Jarwe ze benne.* Das machte von da an der Binder. Ich weiß nicht wie, aber irgendwie klappte das ganz gut und wir brauchten die fertigen Garben nur noch aufzustellen, sodass das Feld nachher aussah, als ob kleine gelbe Zelte draufständen. *De Jarwe* wurden mit dem Pferdewagen abtransportiert. Später kam dann die Dreschmaschine zum Zug. Sie wurde von Hof zu Hof geleitet. Bei jedem, der zu dreschen hatte, kam sie zum Einsatz. Mein Vater besaß die erste Dreschmaschine im Dorf. Diese wurde damals noch nicht elektrisch, sondern mit *em Lanz-Bulldog* angetrieben. Damit fuhr er auch auf andere Dörfer und auf's Maifeld. Das Dreschen wurde bezahlt und es sollte noch *Äaße un Trenke* dabei sein. Mein Vater erzählte uns aber oft, dass es ihm nicht so geschmeckt hat *be Dehaam.* Bei manchen Familien aber wäre man lieber länger geblieben, denn dort gab es ein gutes Mittagessen und am Nachmittag *Botteramme met Schenke, aus em Rahsches un Bunnekaffi.* Aber, das war alles vor meiner Zeit. Da wurde die Maschine schon elektrisch betrieben. Es gab lange Stangen, die an der Oberleitung eingehakt wurden und so zapfte man den Strom ab, den man brauchte.

Unser Stroh kam zu meiner Tante in die Scheune. Dahin kam dann auch die Dreschmachine. Das gedroschene *Strieh* blieb in der Scheune *un de Frischt* kam teilweise auf den Speicher zum Trocknen. Man brauchte es ja schließlich wieder zur Aussaat. Die Körner wurden sackweise *off de Späiche jedrohn.* Es gab immer viele Helfer denn *et moost fieranne joon weil annere och off de Maschin jewoad hann.* Das ganze war eine staubige Angelegenheit und meine Mutter und meine Tante sorgten immer dafür, dass es genug zu trinken gab. Die

Schnapsflasche stand auf dem Tisch und wenn die Helfer vom Speicher kamen, tranken sie einen kräftigen Schluck, damit der Staub aus der Kehle kam. Mein kleiner Bruder saß in der Küche auf der Bank und beobachtete alles ganz genau, bis Mama auf einmal rief: *»Dat Kend es jo kräidewäiß. Oh lewe Gott, der es jo janz besoff.«* Hatte der Kleine es doch nur den Großen nachgemacht mit dem Unterschied, dass die noch arbeiten konnten. Meinen Bruder aber hatte der Schnaps einfach *immjehau*. Nach dem er seinen Rausch ausgeschlafen und Mama sich beruhigt hatte, ging es so weiter, als ob nix gewesen wäre, nur die Schnapsflasche stand außer der Reichweite von Kindern!

Handgemachtes aus de Backstuff ist ein echter Genuss.

Das Korn auf dem Kornspeicher musste trocknen und deshalb immer bewegt werden. *Met'em Simme* (das auch als Maß galt) auch noch gesiebt. Ich war gerne auf dem Speicher und habe unter großem Körpereinsatz im Korn gewühlt. *De Frischt* auf dem Speicher war für die nächste Aussaat. Den Weizen brachte man teilweise zu meinem Opa *off de Mill*. Dort wurde das Korn gemahlen und man konnte das Mehl später abholen. Zwei Häuser unter *de Mill* hatte (seine Tochter) meine Tante eine Bäckerei. Mein lieber Mann, war da immer etwas los. Frisches *Wäis- un Rekke-Brut, Buddings-Daaltje, Sträisels- un Quetschekoche*. Das hat geschmeckt. Noch heute träume ich von handgemachten Brötchen, die auch am nächsten Tag noch schmecken. Und von Brot, dass nicht aus der Fabrik kommt. Zu der Zeit gab es noch eine Bäckerei im Dorf, *Schäfjes*. Auch da hatte man alle Hände voll zu tun. Da wir aber im »verwandtschaftlichem Verhältnis« standen, blieben wir *en de Näistadt*.

Der Hafer war fürs Pferd. Alles wurde verwendet, *nix fottjeschmess*. De *Koaf* (Spreu) bekamen *de Wutze*. *Dat Strieh* wurde, im Stall *jestraut un fir de Hehne wuren e por Körne jespoad*. Was man nicht selbst brauchte wurde *no Esch off de Bahnhof jefoah*. Dort standen die *Fohrwerke* stundenlang, weil das abladen und wiegen endlos lange dauerte. Aber es war eine Einnahmequelle und man nahm das Warten gerne in Kauf.

Später als die Dreschmaschine endlich einen selbstständigen Motor hatte, kam sie direkt aufs Feld wo *de Strieboa* an Ort und Stelle, verarbeitet wurde. Das war wieder ein Riesenfortschritt, aber die Erinnerung an die »Vorzeit« ist mir viel mehr im Gedächtnis geblieben und ganz oft muss ich dann an meinen kleinen Bruder denken.

Noch einen kleinen Zusatz: Der Mann mit der Dreschmaschine wurde mein Vater und die Tochter vom Müller meine Mutter.

Von Ärbele, Madune un em Deppeauto

Im Sommer war immer alles auf einmal reif. Im Feld und auch im Garten. Es begann mit den Erdbeeren. Dann *de Embele, de Grienscheele un de Madune*. Alles musste versorgt und eingekocht werden. Waren *de Ärbele räif*, wurden sie manchmal auch mit Rhabarber zu Marmelade gekocht. Ich weiß nicht, ob es damals schon Gelierzucker gab, später erleichterte »4 zu 1« das Marmeladekochen erheblich. Im großen Topf kochte *dat Scheele* und der Duft zog durch das Haus. Mama schöpfte dann von oben etwas ab, um zu testen, *off et stäif jenoch woa*. Auf einem kleinen Teller lag dann dieser verführerische Erdbeerschaum. Pur oder auf frischem Brot, das war ein Genuss. Mein *Lieblingsscheele* aber war *Madune* (Johannisbeeren). *Dat Scheele* wurde nach dem Kochen in Gläser eingefüllt, *met Bottebreckspabäie zugedeckt, e Gimmischje ode en Wuschtekoedel drim un ab en't Spinntje ode en de Kalle auf et Regal*. Alles wurde verarbeitet, was der Garten hergab.

Den alten Herd meiner Großmutter habe ich immer noch.

Was man nicht hatte, aber gerne aß, musste man dazukaufen. Bei uns waren das *Kummere*. Also fuhren Mama und ich *m'em Possauto no Maye off de Moad*. Mit 150 *Kimmeschje em Jepäck* ging es wieder nach Hause. Dort wurden sie dann mit Kräutern und *Essigbreet* eingekocht. Es gab einen großen Topf, *de Enkochapperat*. Er hatte einen Einsatz, den man herausnehmen konnte, darauf stellte man die Einmachgläser. Wasser *drauf un dat janze off de Häad*. Wir hatten, wie fast alle im Dorf, noch einen Kohleherd. Den musste man natürlich anmachen. Bei Bullenhitze, *enne- un aussewännesch* kochte man »ein«. Ich weiß noch, dass Mama den Herd in der Futterküche anmachte, sodass wir die Hitze nicht *en de Stuff* hatten. Die Einmachgläser wurden mit Einmachgummi und einer Klammer geschlossen. Oft kam es vor, dass die Gummis vom vielen Gebrauch *kabott* oder *de Zung aafjeress woa*. Dann hieß es: *»Laaf aas flott bei Hälemese Näie kaafe.«*

Genau so wurde auch mit *Quätsche un Mirabelle* verfahren. Im Topf war ein Thermometer, das genau anzeigte, wann *et raat woa*. Natürlich machte man das auch mit Bohnen. Denen muss ich mich besonders widmen. Stangenbohnensuppe mit Bohnenkraut, Speck und Zwiebeln *owedroff*. Ein gutes Stück Rauchfleisch mitgekocht, davon kann ich bis heute nicht genug kriegen. Aber man kochte die Bohnen ja nicht am Stück ein, sie wurden *jefitschelt*. Das heißt, sie wurden in schmale dünne Scheiben geschnitten. Auch Strauchbohnen wurden eingemacht. Die schmeckten besonders gut als Salat. Die ganze Einkocherei dauerte meistens den ganzen Tag. *De Bunne*, die man nicht als Suppe oder *Jemees* sofort brauchte, wurden wie *Kummere* eingekocht. So konnte man auch im Winter *e Jelaas ofmaache* und hatte *äppes Godes of em Tälle*.

Zu der Zeit hörte man im Dorf öfters ganz laute Musik. Et Deppeauto kitt. Dann stand es da: *Et Deppeauto*.

Rundherum hing alles, was das Herz einer Hausfrau höher schlagen lassen sollte. *Deppere, Panne, Growere, Schottele un Säi* (Siebe). Im begehbaren Inneren lagen *Botzlompe, Schrippere, met un ohne Still, Wex- un Wozelsbuschte, klanne Missje fir*

Krombere se schelle ode Bunne se fitschele. (Heute gibt es Sparschäler). Immer noch höre ich die Musik, heute kommt sie vom *Äisekrääme.*

Brauchte man sonst etwas, was man im Dorf nicht bekam, *johng me no Esch bäi Wellings*. Die Cousine meiner Mutter hatte einen schönen Laden mit Porzellan, Gläsern und Besteck. Viel später kam ein Teil meiner Aussteuer aus diesem Geschäft. Da die Frauen nicht so viel Zeit hatten im *kaaafe ze joon* (heute geht man Shoppen) kamen viele Händler ins Dorf um ihre Waren an *de Housdier* zu verkaufen. Der eine kam mit Stoffresten (wieder Arbeit), der andere mit Pullovern *un ahne me Kiddelscherze*. Das war für Frauen immer etwas Besonderes ein »fertiges« Kleidungsstück zu kaufen. Stolz trug Frau ihr neues Stück. Aber da zum Beispiel der gleiche Pullover in verschiedenen Größen angeboten wurde, passierte es oft, dass man »Seinem« ein paarmal im Dorf begegnete. Beim *Restemann* hatte man diese Sorge nicht, denn alles was man selbst fabrizierte, war ein Unikat. Aber was war das gegen einen selbst gekauften Pullover, den man sofort anziehen konnte. Naja und wenn man seinem begegnete, dann hatte die Andere eben auch *su en schiene, der su ähnlech aussoh be mäine.*

Wenn es im Garten nichts zu ernten gab, ging es ab *en de Besch*. Dort reiften *de Bräämele*. Mit einer Milchkanne bewaffnet ging es los. Es waren immer viele Frauen und Mädchen auf Tour. Jede kannte eine gute Stelle. Hatte man Glück, war noch niemand in unserem Revier. Man musste schnell sein, denn *Bräämele* waren sehr begehrt. Es war mühsam, denn die Brombeeren hatten *biese Dohe*. Die Mühe lohnte sich, denn die Früchte waren zuckersüß. Allerdings die Farbe. Hatte man die am *Scherzje ode off em Kläidje, jo, dann moost de Mama goot schruppe.* Manchmal begegnet man heute noch Jemandem im Wald, der mit einem Eimerchen unterwegs ist. Aber das ist so wie mit den Stoffresten, die Marmelade muss man noch »selbst kochen«, während »Fertigmarmelade« reihenweise im Supermarktregal steht. Aber jeder der sich die Mühe macht ist überzeugt davon, dass seine Marmelade viel besser schmeckt als »Selbstgekaufte«.

Ferien in Leienkaul

Mein Vater hatte einen älteren Bruder, der in Leienkaul wohnte. Also wurden wir dort natürlich auch auf die Kirmes eingeladen. Mein Vater, unser Onkel und meine Brüder gingen *no de Kerech off de Frühschoppe*, während wir »Frauen« uns um das Mittagessen kümmerten. Wie überall war das auch in Leienkaul Tradition, nur dass es da zum Nachtisch selbst gemachtes Eis gab. Da mein Onkel auf der Schiefergrube als Elektro- und Schlossermeister als Vorarbeiter gearbeitet hatte, wurde ihm das Haus, auch nach seiner Arbeitszeit, zur Verfügung gestellt. Das Haus war ein Traum. Ganz unten am Ende des Dorfes stand es fast *off de Lei*. Da der Schiefergrubenbesitzer selten zu Hause war, hatten meine Tante und mein Onkel das große Haus meistens für sich. Es war so, dass Beide das Haus auch versorgten. Die Tante *ennewännesch, de Onkel drimerim*. Es gab einen großen Flur mit schwarz-weißen Fliesen. Über eine wunderschöne Holztreppe ging *et owenoff*. Bis heute habe ich dieses Bild im Kopf. Wenn ich über das Haus rede, fällt mir immer zuerst diese Treppe ein. Es gab eine große Küche, ein Esszimmer, mehrere Schlafzimmer, eine Waschküche und zur Krönung ein Badezimmer mit Badeofen und einer Badewanne *met Fess*. Bei uns daheim war immer noch *Somstes de Bitt en de Stuff*. Das Haus verfügte damals schon über eine Koksheizung. Wir waren *bäi feine Läid*. Alles war so beeindruckend, dass wir uns *jans von saalewe zimlech goot betroon haan*. Es gab so viel zu bestaunen. *Mir hann de Moul nimmi zokrischt*. Unser Onkel zeigte uns die Schienen, über die der Schiefer aus der Grube gefördert wurde. Ich hatte das Gefühl, die Loren fahren geradewegs ins Haus. Meine Brüder waren zwar auch beeindruckt, aber sie gaben sich ganz lässig und machten sich einen Spaß daraus, mit den Loren herumzufahren. Der eine saß drin und der andere schupste die Wägelchen auf den Schienen hin und her. So viel Mut hatte ich natürlich nicht, denn ich war ja nur ein Mädchen. Bis heute aber sind meine

Brüder von diesem Bodenschatz fasziniert, der damals vielen Menschen Arbeit gab.

Als mein Onkel Rentner war und *net mie off de Koul jeschafft hat,* hatte er es sich zur Pflicht gemacht, morgens nach Martental zu gehen, um dort ehrenamtlich zu arbeiten. Er war ein Tüftler. Viele Schmiedearbeiten von ihm waren oder sind noch in der Wallfahrtskirche vorhanden.

Meine Eltern hatten einmal eine tolle Idee, Ferien *off de Leiekoul*. Eine Woche sollten wir bei unseren Verwandten verbringen. Also fuhren mein Bruder und ich *'mem Possauto no Esch, iwwe Schöne Aussicht no Leiekoul*. Freudig und erwartungsvoll kamen wir nach der »langen Fahrt« an. Da Onkel und Tante kinderlos waren, war es zuerst einmal die Ruhe, die uns umfing. Das waren wir ja überhaupt nicht gewohnt. Bei uns war immer *eppes loss un eppes se doon*. Plötzlich hatten wir frei und damit konnten wir überhaupt nix anfangen. Unsere Tante meinte es gut mit uns. Sie kochte uns Pudding und backte Kuchen. Sie hatte damals schon viele Elektrogeräte und sogar eine Eismaschine. Wir wurden verwöhnt und ließen es uns gut gehen. Es gab ja auch *soo* viel zu entdecken. Wir krochen auf den Schieferhalden herum und staunten. So etwas hatten wir vorher von *nächst noch net jesehn*. Bei uns gab es auch Schiefergruben und Stollen, aber es war uns verboten dahin zu gehen. In späteren Jahren konnte man einige *kucke joon*. Aber immer hatte man Angst, dass etwas passiert. Wir zwei kannten das nur vom Hörensagen. Hier waren wir mitten im Geschehen. Es war eine ganz andere Welt und es gab so viel zu entdecken. Diese Eindrücke von *de Lei* habe ich bis heute nicht vergessen. Nachmittags liefen wir durch den Wald um unseren Onkel *aafsejääne*. Nach dem Abendessen saßen wir neben ihm auf *em* Sofa. Er rauchte seine Pfeife und hörte im Radio die neuesten Nachrichten. (Auch in diesem Haus gab es noch *ka Fernseh*). Dann erzählte er uns Geschichten aus seinem spannenden Leben. Wie er als junger Marinekadett auf der Titanic anheuern wollte, es aber nicht klappte und seine Mutter, meine Oma, recht froh darüber war. Man weiß ja, was später mit diesem imposanten Schiff passiert ist. Später war er U-Bootkapitän. Heute noch existieren Schriftstücke aus dieser Zeit, die meine Tante mir nach seinem Tod vermacht hat. Darauf bin ich sehr stolz. Ja, *un dann hat et ihn off de Koul veschloon*. Das waren Geschichten, davon konnten wir nicht genug bekommen. Es war eine ganz andere Welt.

Und da war noch die Sache mit dem Bett. Ein Bett für jeden von uns. Allein zu schlafen, war einfach wunderbar. Der erste Tag war so voll aufregender Dinge gewesen. Der zweite Tag ging auch schnell vorüber und überall gab es etwas Neues. Tante und Onkel waren so liebe Leute. Alles war so kurzweilig. Am dritten Tag packten wir unsere Sachen und wollten nur noch *haam*. Unsere Tante verstand die Welt nicht mehr, aber wir ließen uns nicht beirren. Traurig blickte sie uns hinterher, nachdem sie uns noch *en Mark fir et Possauto jenn hat*. Wir hatte beschlossen, zu Fuß nach Esch zu gehn *un dann 'mem Bus haam se foahre*. Aber *Leiekoul ess jo suuuu lang*. Wir kamen nicht so recht vom Fleck, als plötzlich ein Auto neben uns hielt. Ein Auto, *och dat noch*. Das war keine Selbstverständlichkeit und dann sollten wir auch noch mitfahren. So recht trauten wir uns wieder nicht. Aber als wir dann Herrn Rother, den Besitzer unseres »Ferienhauses« erkannten, hatten wir keine Angst und Herr Rother chauffierte uns bis nach Hause. (Später hörte ich dann, dass meine Tante uns unseren »Chauffeur« nachgeschickt hat.) Daheim war niemand, alle waren *em Fald*. Wir zwei waren so froh, wieder zu Hause zu sein, und machten uns sofort an die Arbeit. Mein Bruder *kehrte de Hoef, de Strooß un et Floßte*. Ich machte mich *iwe de Speel her un botzte noch flott de Boddem*. Als alle endlich nach Hause kamen, staunten sie nicht schlecht. Mama war froh, *dat et im Haus unnenn blank woa*. Aber mein Vater fragte meinen Bruder (mit einem Lachen): *»Bofir hass dou dann schun jekeht, mir hann doch ericht Meppesch? Wäile moste et bess Sommstesch noch emol mache.«* Aber dass war alles nicht so schlimm. *Mir wooren widde dehaam.*

Markttreiben und Mantelsonntag

Im Oktober ging es *no Maye off de Louxmoad*. Der Markt ging damals über vier Tage. Sonntag, Montag, Dienstag und Mittwoch. Für uns war Dienstag der Haupttag. Mittwochs war Schafmarkt, da brauchten wir nicht hin. Mein Vater hatte *zwoar vill Veeh*, aber keine Schafe. Dienstags war Kram- und Viehmarkt, also war da für jeden von uns etwas dabei. Da wir leider keine Oma mehr hatten, die unser Taschengeld sicher etwas aufgestockt hätte, ging es mit *denne poa Grosche un met de Mama off de Moad. Dat Possauto woa rappelvoll.* Der Busfahrer hatte seine liebe Not *all eren se kreen*. Waren wir da, dann sahen wir *dat janze Jedeenz. Räitschulle, Bude, Selbstfahrer un Stän' met Schetze, Räck, Stremp un Wachsdechdecke am Steck*. Die Wachstischdecke war das, was man unbedingt

Die Steile-Wand-Fahrer: Die Geräusche, die Benzinluft und die staunenden Menschen habe ich bis heute nicht vergessen.

haben musste. Es gab sie mit Blumenmuster, mit *Karos ode met Punkte*. Das war mal wieder ein Fortschritt, der die Frauen glücklich machte, ein Tisch mit Tischdecke *de me aafbotze kunn* und die man nicht waschen und bügeln musste. Bekam man später eine neue, konnte man die alte noch gut als Schrankpapier benutzen. Wir Kinder hielten uns fest an den Händen, *damet me net veloor joongen*, und staunten. Alles war laut und bunt. Es roch nach Süßigkeiten und Bratenduft. Was waren wir erschrocken, wenn plötzlich ein Eisbär vor uns stand. Menschen, die in Bärenkostümen hin und her rannten und schreckliche Stimmen machten. So etwas gab es doch sonst nur in Geschichten. Mein Vater hat uns oft erzählt, dass ein Mann mit einem Tanzbären von Dorf zu Dorf zog und bei meinem Opa in der Scheune einige Tage »wohnte«. Der Bär war die Attraktion und viele kamen *de Bär kucke*. Das arme Tier hatte einen Maulkorb an und seine Krallen waren abgeschnitten. Der Bärenmann verdiente sich ein paar warme Mahlzeiten und die Übernachtungen. Meine Oma soll ihm auch Kleider geschenkt haben. Satt und zufrieden zog der Mann mit seinem Bär weiter.

Off em Louxmoad gab es so viel zu sehen. Große Geschäfte, *de Kaufhof, de Küster, Maria- un Kriechel-Kohlhaas, de Laubenthal, Hiebel-Weingart un Müller-Wipperfürth.* Küster und Hiebel-Weingart gibt es heute noch. Ehrfürchtig bestaunte ich die riesigen Schaufenster mit Puppen, die wie Menschen aussahen. Im Kaufhof gab es sogar eine Rolltreppe. Wir waren in der Stadt und hatten fast vor allem Angst. *Et hat us rejelrecht imjehau.* Mama brachte Vater eine Tüte Alpenbrot, gebrannte Mandeln und eine Kokosnuss mit. Zu Hause wurde sie uns fachmännisch serviert. Heut noch schmecke ich die süße Kokosmilch. Einmal war mein Vater *met us off em Moad*. Er interessierte sich nicht *schwär fir den Krom* und ging mit uns zu den Steile-Wand-Fahrern. *Heijeijei,* da fuhren Motorräder mit einem Höllenlärm quer die Wände hoch. Meine Brüder waren begeistert, ich nicht so. Die Leidenschaft für Motorräder hatten sie auch später noch. Es lag in der Familie, weil unser Vater in seiner Jugend schon ganz früh ein Motorrad mit Beiwagen sein Eigen nennen konnte. Obwohl meine Begeisterung sich in Grenzen hielt, habe ich die Steile-Wand-Fahrer immer noch im Gedächtnis. Die Geräusche, die Benzinluft und die staunenden Menschen, das hab ich nicht vergessen. Ja und dann ging es wieder *Haam*. Meine Groschen hatte ich immer noch *äwe esch woa off em Moad jewääst*.

Die Heimfahrt war für den Busfahrer immer wieder ein *Greul. De Elzbäresch* war so steil und er musste ja im Berg umschalten. Die Passanten waren gespannt: *»Schafft der dat?«* Vereinzelt kamen die Taschentücher mit 4711 unter die Nase. Ja, wenn es der Frau nicht so gut ging, kam 4711 ins Spiel. *Dat Pafüm* mit dem Werbespruch 4711 immer dabei. Das half in mancher Not. Aber oft genug mussten wir auch in späteren Jahren noch mitten am Berg aussteigen. Der Busfahrer hat uns dann oberhalb der Steigung wieder eingesammelt. So war das eben. Eine Frau hat mir ein Erlebnis von früher erzählt, wie sie mit ihrem Vater und ihrer Schwester *off em Moad woa*. Die Kinder sollten ein Fahrrad bekommen, nein nicht zwei, eins für Zwei. Da jedoch im Bus kein Platz für *e Foahrrad un* drei Personen war, wurden die Mädchen in den Bus verfrachtet und der Vater fuhr mit dem Fahrrad nach Hause. Später fuhr mein Bruder mit seinem Freund alleine *off de Moad*. Natürlich wussten sie auch nicht, was sie kaufen sollten. *Met zwei Kloote* (Stauden) *Banane säin se haam kumme*.

Es gab später noch einen zweiten Lukasmarktsonntag, den nannte man den Mantelsonntag. Die Frauen, die mehrere Jahre *aan un desälewe Mantel an dohn moosten*, waren froh, wenn der Alte seine Dienste getan hatte und es einen Neuen gab. Der *anere wur wäattes* (werktags) *offjetroon*. Was freute man sich dann auf den nächsten Feiertag … Allerheiligen. Da an Allerheiligen immer viele Auswärtigen nach Hause kamen, um auf dem Friedhof die Gräber ihrer Angehörigen zu besuchen, hatte man die beste Möglichkeit das neue Stück auszuführen. *Egal bat fir Wädde, off et noch warm woa, off de Sunn jeschäint hat, off et jeschnäischt ode gestürmt hat, der näie Mantel wur anjedohn.* Ich erinnere mich noch gut an Allerheiligen. Es war ein besonderes Fest, nicht nur wegen dem neuen Mantel, nein, man dachte an seine Lieben, die auf dem Friedhof lagen. Im Vorfeld wurden Geschichten erzählt von allen, die einmal da waren. Es wurden Kränze gewickelt und mit Wachs- oder Papierblumen verziert und die Gräber damit geschmückt. Es wurden richtige Kerzen und Grablämpchen aufgestellt. Eine Messe wurde gehalten und die Leute gingen in einer Prozession zum Friedhof. Der Pastor ging durch die Reihen und segnete die Gräber. Es war eine schöne ruhige Atmosphäre. Viele Gesichter, die man lange nicht mehr gesehen hatte, wurden begrüßt. *Omends, wenn et an däiste* (fast dunkel) *woa,* ging man noch einmal hin. Es war etwas besonderes, die ganzen Lichter zu sehen. Heute ist daran nichts besonderes mehr. Die Lichter brennen Tag und Nacht. Ob Sommer oder Winter. Im Sommer muss man die Kerzen in ein Glas stellen damit sie nicht auslaufen. Aber brennen müssen sie. Für mich wäre es schön, wenn das Lichtermeer wieder etwas besonderes wäre. Da kein Pastor mehr für ein Dorf zuständig ist, ist Allerheiligen oft auch nicht mehr am 1. November. Und wenn dann mal ein Pastor da ist, rennt er auf dem Friedhof schnell, schnell durch die Reihen und segnet schnell, schnell die Gräber. Schließlich stehen auf anderen Dörfern auch schon die Leute und warten. Ach ja, heute braucht man keinen Mantelsonntag mehr, denn wenn man einen haben will, kauft man eben einen. *Dat kann och metten en de Woch säin.*

Daheim

In unserer Familie war immer etwas los. *Dräi Kenne flott henesch enanne, der Klaan koom späde,* die nicht immer das machen wollten, was ihnen gesagt wurde. Die Arbeit unserer Eltern und die Not, uns auf dem rechten Weg zu halten, war nicht immer einfach. Unser Vater war im Krieg mit einem Streifschuss am Kopf verwundet worden. Er kam erst 1948 aus der Gefangenschaft nach Hause. Manchmal war er *schwär jebäidelt*. Einen Wetterumschwung spürte er *en all Knoche*. Wir mussten dann besonders ruhig sein, weil seine Kopfschmerzen *ziemlech wih jedoon hann.* War kein Wetter, um draußen zu spielen, oje, dann hatte Mama ihre liebe Not. Aber wenn der Sturm dann vorbei war, war wieder alles gut.

Heute weiß ich erst, was mein Vater ausgestanden hat. Der Krieg hatte für viele Männer und Frauen ganz schlimme Folgen. Wir kleinen Kinder konnten das damals nicht verstehen. Wie dem auch sei, unsere Eltern waren froh mit uns. *Un wenn me mool jemoult hann,* brauchte mein Vater nur *bies se kucke un schun woaren mir bedehnt.*

Ihr wisst ja, Mädchen sollten mal gute Hausfrauen werden, die gut kochen und backen konnten, und bei denen man später, wenn sie mal ihren eigenen Haushalt hatten, vom *Boddem eässe kun*. Meine Brüder hatten davon keine Ahnung. Sie hatten andere Fähigkeiten. Kam ihnen irgendetwas in den Weg, woran sie schrauben konnten, war das ihre Welt. So klein sie waren, sie waren mit großem Geschick am Werk. Später hat sich das in ihrem Beruf ausgezahlt.

Eine Sache ist mir immer im Gedächtnis geblieben. Mama hatte eine Koffernähmaschine, ihr ganzer Stolz. Sie war eine sehr gute Schneiderin und an die Maschine durfte nix drankommen. Es war ja so, dass viele Sachen selbst genäht wurden. Hemdkragen, die vom Bart aufgeraut waren, wurden abgetrennt, umgedreht und wieder angenäht. Und schon hatte der Mann wieder ein fast neues Hemd. Ja, und diese Nähmaschine hatte mein Bruder im Visier. Eines Abends, unsere Eltern *woren em Stall raad,* sahen sie das *Maleur*. Hatte der Kerl doch die Maschine auseinandergenommen. Auf dem Tisch lagen Schrauben, Muttern, *et Spultje* und Federn. »Was hast du nur angestellt?« Mama war ganz aus *em Häisje* und den Tränen nah. *»Ohje, ohje mäin goot Maschin, bat maachen mir dann ewäile?«* Mein Vater wusste Rat. *»So Jung, dou hass dat Dinge ausenanne jebout, jetz bou se och widde sesomme.«* Ich weiß nicht mehr, wie lange es gedauert hat, aber auf einmal war sie wieder ganz. Mama setzte sich an die Maschine und siehe da, sie lief besser als vorher, auch ohne die paar Teile, die noch herumlagen. Mama war *schwär fruh,* Vater auch. Man musste sich selbst beschäftigen. Es gab keinen Fernseher, kein Kofferradio, keinen Kassettenrekorder, keine Play-Station, keinen Computer und kein Handy. Es gab *Bouklätzje, Spilljescheer* aus Holz, ja und manchmal eine Nähmaschine zum Auseinandernehmen.

War das Wetter gut, ging es ab *off de Stroß*. Wir kannten keine Langeweile. Immer war jemand da, der mit einem spielte. Groß angesagt *woa Merwele spille.* Am Rand der Straße wur-

Mein Vater mit mir und meinem Bruder, unter Aufsicht unserer Schäferhündin Lyda.

de *e Käiltje* (Käulchen) *jemaach un schun jong et loss. Dickesditsches!* Wenn man Glück hatte, kam man als letzter zum Zug und durfte *all ensäckele*. Die meisten Kinder hatten bunte Murmeln aus Ton. Aber einige hatten schon Glasmurmeln. Hatte man die *einjesäckelt,* war man mächtig stolz. Oft war man sie aber beim nächsten Spiel wieder los. Jeder hatte *e Merwelesäckeltje* (von *de Mama jenäht*) mit Startkapital. Hatte man Glück im Spiel, war das Säckchen prallvoll. Wenn nicht, naja, beim nächsten Spiel hatte man wieder alles in der Hand.

Die Mädchen spielten *Heppselhäisje,* das war *nix fir de Junge.* Die spielten lieber Fußball *met huhe Schoon.* Übrigens sagte man nicht die Jungs oder die Mädels. *Et woren de Junge un de Mädje.* Man muss noch dazu sagen, dass nicht alle Straßen im Dorf geteert waren. Die meisten waren gepflastert. Das war vielleicht *en ruppelesch* Angelegenheit. Es gab auch keine Bürgersteige, wofür denn auch, es gab ja kaum Autos. Alles, was irgendwie fuhr, fuhr *mette off de Strooß.* Also war es ein leichtes, am Rand *e Merwelekäiltje se groowe. Och Fängjes un Vestäachjes* (Eins zwei drei vier Eckstein, alles muss versteckt sein. Hinter mir da gilt es nicht, eins zwei drei, jetzt komme ich) *wur jespielt. De Klane hatten en Dilldapp, dänn kun me goot off em jedäate* (geteerten) *met de Kletsch dängele.* Manche Kinder spielten Federball. Meine Freundin *un dem säine Nobesch Jung* hielten den Rekord. Ich weiß nicht genau, wie oft sie zuschlugen, ohne das der Federball auf den Boden fiel. Stolz erzählten sie das Ergebnis *iwerall erimm.* Meistens hatten *se am nächste Daach de Hals veränkt, wäil se imme no owe kucke moosten.* Oft genug landete *dat Bälltje em Kännel.* Hatte man keinen Ersatz *woa Schluß met Spille.* Das Leben für uns Kinder spielte sich *off de Stroß,* also im Freien ab. *Mir woaren broun jebrannte, maast jesonne Knippje.* Abends waren wir *hondmeed* und beim Abendessen fielen uns bald die Augen zu. *Et Jesicht jewäsch, met äiskaltem Wasse,* nein es gab noch kein warmes Wasser aus der Leitung. Noch *flott jebätt:* »Jesus Kindchen klein, halt mein Herzchen rein, lass niemand drin wohnen als Jesus allein. Amen.«

»Die Eltern mein empfehl ich dir, behüt oh lieber Gott sie mir, vergelt o Herr was ich nicht kann das Gute das sie mir getan haben. Amen.«

Es gab noch ein schönes Gebet: »Abends, wenn ich schlafen geh, vierzehn Englein bei mir stehn. Zwei zur Rechten, zwei zur Linken, zwei zu meinem Haupte, zwei zu Füßen, zwei die mich decken, zwei die mich wecken, zwei die mich weisen ins himmlische Paradies.« So ein schönes Gebet, aber die Englein sollen mir bitte nachsehen, dass ich sie nicht immer alle vierzehn angerufen habe, ich war nämlich schon sehr müde.

Mem Hannekämmpje.

Adventszeit

In der Adventszeit war im Garten und im Feld Ruhe. Unsere Eltern konnten einfach *emol langsam doon*. Ich habe diese Zeit gemocht. In der Schule wurden Sterne aus Goldpapier und Stroh gebastelt. Die Strohhalme wurden längsseits aufgeschnitten, platt gebügelt und mit Zwirn zusammengebunden. Mit einen Bändchen konnte man sie dann am *Chresbaam anbenne*. Einige meiner Schulkameradinnen waren mit besonderem Geschick am Werk und hatten natürlich die schönsten Kreationen.

Aber noch war es nicht so weit. Zuerst kam ja der erste Advent. Dafür brauchte man einen Adventskranz. Aus *Fichtele* wurde der Kranz gebunden, *(et woa e Kränzje, me hat jo net su viel Platz jehatt)* mit roten Kerzen und rotem Band geschmückt. Dann hing der wunderschöne Adventskranz von der Decke. Advent, Advent ein Lichtlein brennt, erst eins, dann zwei, dann drei, dann vier, dann steht das Christkind vor der Tür. Was waren wir froh, wenn die vierte Kerze brannte. Dann wurde es auch Zeit, dass der Kranz herunter kam. *E hat och schun schwär jerisselt.*

Dann ging es los mit Backen. Das ganze Haus roch nach Plätzchen. Schließlich musste ja eine ganze Kompanie *bebackt* werden. Mama hatte *Plätzjes-Bixe*, die wurden voll gemacht. War *de Bix* nicht so gut versteckt *un me kunn enewänesch schun de Boddem sehn – »de sollten doch bess Chresdach haale«* – ging es ran an den nächsten Teig. Es gab Spritzgebäck. Dazu wurde der Teig durch *et Milltje jedräht*. Vorne war ein Schieber mit verschiedenen Mustern. Da konnte man den Teig formen wie man wollte. Nach dem Backen, wenn *se aafjekehlt woaren, wuren se noch en Schucklad jedonkt*. Mama backte Sahneringe. Dazu wurde der Teig mit einem Glas, das Loch innen *met em Fingehoot* ausgestochen. Diese Plätzchen habe ich besonders gerne gegessen. Hmm, schließlich waren sie mit Hagelzucker bestreut. Es gab Nussplätzchen, als *Zier koom owedroff en Noss de me salewe jebleckt* hat. Es gab Nussecken,

Berliner Brot *un Kokosmakrone.* Und natürlich den Christstollen *met Zitronat un Orangeade.* Der Christstollen wurde ziemlich früh im Advent gebacken, denn er musste ruhen und war Weihnachten richtig gut durchgezogen. Christstollen war nicht so mein Kuchen, aber mein Bruder *est den hout noch jäar* und meine Schwägerin backt jedes *Joahr* mindestens zwei *schwäre Stollere.*

Denkt immer daran, es gab keinen Elektro-, nur *en Kollehäad.* Es gab keine Küchenmachine. Mama brauchte auch keine Waage. Später einmal wollte ich von ihr ein Rezept für gedeckten Apfelkuchen haben. Ich habe natürlich eine Waage. »Mama wieviel Gramm muss ich dann nehmen?«

»Dann helsde e Häffeltje dovon un e Häffeltje dovon.«

»Mama, be vill es dann e Häffeltje?«

»Ei e Händje voll.«

Ich weiß nicht, wie Mama das immer hinbekommen hat. Es ist immer gelungen und hat *goot jeschmackt.*

Am Düngenheimer Krippenspiel war auch ein schwarz-weiß geflecktes Kaninchen beteiligt.

Ja und dann kam ja auch noch *de Nikloos*. Wir wussten, dass der Nikolaus ein armer Mann war, der uns nicht viel schenken konnte. Egal, wir hatten trotzdem viel Respekt vor dem »Heiligen Mann« und waren sehr brav. Hätte es doch sein können, dass der Knecht Ruprecht, mit dem der Nikolaus unterwegs war, uns im Sack mitnehmen wollte. Der Nikolaus brachte ein großes Buch mit und wenn da nicht viel Schlimmes drin stand, bekamen wir unseren Teller *met em Dutzeweck*. Es waren auch Plätzchen auf dem Teller. Irgendwie erinnerten die uns stark an Mamas *Plätzje ous de Bix*. Aber das konnte doch nicht sein, schließlich kam *de Nikloos* doch vom Himmel. Wir wussten, dass da auch gebacken wurde. Och, vielleicht hat *et Chreskindje dem arme Nikolaus e poa Plätzje fir se vedaale met jenn.*

In der Schule hatten wir neben Basteln natürlich auch Weihnachten als Ziel. Es wurde ein Krippenspiel einstudiert. Das war vielleicht aufregend. Wir brauchten Darsteller, die vom *Pasdur un de Lehring* fachmännisch ausgesucht wurden. *Et Maria, de Josef, Hirten, Engel, en Krepp un et Jesuskindje.* Waren die Rollen verteilt, mussten die Mamas die passenden Kostüme zusammenstellen oder nähen. Ich wollte so gern *et Maria säin*. Daraus wurde aber nichts, meine Schulkameradin bekam die Rolle. Ich war Statistin und musste einfach lieb gucken und die Hände andächtig falten. Das habe ich dann auch richtig gut gemacht (mein ich). Die Jungen waren als Hirten verkleidet. Ein Junge war Nachtwächter, er trug eine Laterne und eine Hellebarde. Es gab auch einen Engel, der hatte ein goldenes Band *imm de Kopp*. Er stand hinter der ganzen Gesellschaft und hielt die Hand über uns. Also wir, die Statisten, die nur lieb gucken mussten, sollten *em Jesuskindje dat en der Krepp looch (et woa en Popp),* Geschenke bringen. Da schoss meine Cousine den Vogel ab. Sie kam mit einem Korb und darin lag, wir konnten es kaum glauben, *e läwech Knäin* (ein lebendes Kaninchen). Ich weiß nicht, was sie dem Tierchen vorher *en et Foode jedoon hann,* aber es war ganz brav und guckte genau so lieb wie wir. Das Krippenspiel wurde aufgeführt und alle, die es gesehen hatten, waren sich einig, genau so hat es sich zugetragen.

Am ersten Advent gab es auch einen Adventskalender. Nein, keinen mit Füllung, nur mit Bildchen hinter den Türchen. Am 24., an Heiligabend, war dahinter die heilige Familie abgebildet. Ganz behutsam behandelten wir den *Advendskallenne,* kam er doch jedes Jahr wieder zum Zug *(imme desällewe).* Je näher Weihnachten rückte, desto aufgeregter wurden wir. Überall gab es kleine Geheimnisse. Was wird's wohl geben? Waren wir brav genug? Hat das Christkind an uns gedacht? Unterwegs war es ja schon *un jeschafft hat et och schun.* Wenn der Abendhimmel rot war, hieß es, *et Chreskindje backt Plätzje.* Ich denke es backt heute noch für brave Kinder. Ja, dann musste ja noch *en Chresbaam* her. Als wir kleiner waren, hat das Christkind den ja vom Himmel mitgebracht. Als wir größer wurden und Verständnis dafür hatten, dass wir ihm helfen mussten, ging mein Vater *en de Besch (fast jeder hatte en Schoa) un koom met em Baam haam.* Der wurde dann an Heiligabend festlich geschmückt. Wir durften helfen. Die *Kadongs* mit Kugeln und der Christbaumspitze wurden vom Speicher geholt. *Et Lametta von vöresch Jooah* (vom vorigen Jahr) *offjebiejelt* (gebügelt), die Kerzen drangemacht. Echte, manchmal auch aus Bienenwachs. Es gab keine Lichterketten und keine elektrischen Kerzen. Natürlich war der Baum keine Edeltanne, na, *et woa en Fichtel un de hat jepieckst.* Trotzdem, er war wunderschön. Es war festlich und warm. Wenn dann noch das Lied »Stille Nacht« gesungen wurde, ja dann war für mich Weihnachten.

Auch in der Kirche waren fleißige Hände am Werk. Dort standen rund um den Altar die ganz großen *Fichtelebaam.* Die Krippe mit Ochs und Esel und der heiligen Familie wurde aufgebaut. Wenn man in die schön geschmückte Kirche kam und die wunderschönen Weihnachtslieder gesungen hat, war ich sehr bewegt. Heute hat der Weihnachtsbaum keinen Reiz mehr für mich. Die Dörfer sind umzingelt von Weihnachtsbaumplantagen. Das ganze Jahr warten die Edeltannen auf

Weihnachten *(de piecksen net)* und wenn man will, kann man schon ganz früh im Jahr einen aussuchen und ein Schildchen mit »Frohes Fest« dranbinden. Aber das ist nicht alles. Auch ganz früh gibt es Lebkuchen, Spekulatius und Weihnachts-Schokolade. Lichterketten gibt es in allen Längen und Kugeln in allen Variationen. Die Häuser werden geschmückt, alles ist hell erleuchtet. In den Geschäften dudelt die Weihnachtsmusik rauf und runter. Das geht mir alles ein bisschen zu schnell. Ich meine immer noch, das »Stille Nacht« zu Heiligabend gehört. Dieses wunderschöne Lied. Es berührt mich auch heute noch. Erst dann ist Weihnachten.

Jahreswechsel

Ganz oft lag um diese Zeit ganz viel Schnee. Wir Kinder hatten den meisten Spaß. *Me kun sech im Schnie wänzele un Engeltje maache.* Es wurden Schneemänner gebaut mit Augen und Jackenknöpfen aus Kohlen. *En Muhr un en Bässem, dann woa der Käal raad.* Mein Vater setzte ihm noch *en Kapp off de Kopp.* Das hat vielleicht schön ausgesehen. Wir konnten Schneeballschlachten machen *un Schlidde foare.* Dick eingepackt ging es auf die Pisten. Am liebsten fuhren wir auf den Straßen.

De Kerechjaas erunne machte es besonders viel Spaß. Die »Abfahrt« war nicht so lang, also brauchte man für den »Aufstieg« auch nicht so viel Zeit. »Achtung, Achtung, Baaahn frei«, waren die Rufe, die man hörte. Man musste höllisch aufpassen, dass man den Runterfahrenden nicht ins Gehege kam. Wenn *et an däiste woa,* machte es besonders viel Spaß. Natürlich gab es manchmal auch Ärger, schließlich wohnten in den Straßen Leute und die mussten ja auch mal *erous.* Unsere *Äissbahn* war glatt und ein Problem für Mensch und Tier. Es war ja nicht so, dass die Bauern *jetz dehaam bliffen,*

Mein Bruder und ich beim Rodeltraining.

nein, es mussten ja *de Rummele ous de Rummelekoul bäijeschafft wäre*. Das Winterfutter war auf den Feldern. War der Vorrat zuhause alle, dann musste Nachschub her. Auch die Milch musste abgeholt werden, *fir off de Molekeräi* und wenn alles vereist war, hatten *de Pääd ka Halt*. Es gab keine Räumfahrzeuge die mit Salz beladen die Straßen abfuhren. Es wurde mit *Äsch ous em Owwe jestraut*. Asche hatte jeder, Streusalz keiner. War Asche gestreut, machte *et Schliddefohre ka Spaß*. Asche unter den Kufen hemmte den »Abfahrtslauf« extrem. Heute kann man sich meterhohe Schneeberge nicht mehr vorstellen. Es wurde auch nur geräumt, wo es nötig war. Unter dem Schnee ruhte die Erde. Kein Streusalz drang ins Grundwasser. Die Asche richtete keinen großen Schaden an. Heute fahren Autos auf blitzeblanken, gesalzenen Straßen und haben eine weiße Salzschicht auf dem Lack. Es liegt ja auch kaum noch Schnee, aber es wird geräumt, was das Zeug hält, *nur dat kaane hinfällt*. Kommen Kinder aus der Schule, freuen sie sich, wenn irgendwo noch so ein Häufchen weiße Pracht liegt.

Es gab natürlich auch *Schliddebaane* außerhalb vom Dorf. *De aal Strooß erunne*, damals noch nicht bebaut, ging es mit richtig Schwung ab, *baal bess off et Kerwerech*. Die großen Jungen sahen es nicht so gerne, wenn *de Klaane dorimm jewuselt säin. Dat woa denne ihr Piste*. Es gab auch eine Rennstrecke, das »Goldene Tor« *en de Hoad*. Da konnte man die Profis sehen, *net met em Schlidde, na, met de Schie*. Das war ein Spaß *denne zozekucke*. Durch das »Goldene Tor«, *de Wies erunne, iwwe de Baach, Juhu*. Die »Stars« positionierten sich so, dass wir sie auch alle im Blick hatten, dann ging es los. Unter lautem Geschrei stürzten sie den Abhang hinunter. Wir, das staunende Publikum, waren begeistert, nicht nur von den wilden Fahrten, auch von den wilden Kerlen. Unser Outfit war natürlich nicht besonders schneetauglich. Keine langen Thermohosen, keine wasserabweisenden Jacken und auch *kaan Schie- un Schnieschohn. Mir koomen met huhe Schohn, waren die Sohlen jelatt, koom me net von de Stell, met jestreckte Pullowere, e West driewe, Bommels-Metsche (manche hatten schun Metsche met Uhreklappe), Fousthänsche un em Schal met Fransele dran, do an.* Die Mädchen trugen keine Hosen, nur *decke Stremp met Strombbännele am Läifje.* Und wer diese Dinger getragen hat, weiß, wovon ich rede. Es gab zwischen Strumpf und Unterhose immer ein Stück *bat nackesch woa. Un dat Steck woa imme aissekalt, do kunn me mache bat me woll.* Zum Glück gab es später Strumpfhosen. Damit war die Sache behoben und die Beine waren gleichmäßig warm, auch das Zwischenstück.

Auch die Schlittschuhe waren mehr als primitiv aus heutiger Sicht. *De Schie wuren met Lädderemere an de normale Schohn anjebunne. Stäckere* (Stöcke) *hat me kaan jehatt un wenn, dann e poa ous em Besch.* Der Weiher, wo heute die Halle steht, war wie der Name schon sagt, ein großer zugefrorener See. *Do wur Schlittschuh jefohr.* Rund ums Dorf waren Kinderparadiese. Überall *kunn me Äissbahn schloon.* Selten waren Hunde unterwegs, die ihre Hinterlassenschaften liegen ließen. Wir waren den ganzen Nachmittag draußen. Kamen wir heim, pitschenass und durchgefroren, war das kein Drama, *flott aneschte anjedoon un de Fees en de Backowwe, bat woa dat schien.*

Der Jahreswechsel vollzog sich ganz anders als heute. Silvesterböller, Feuerwerke und Knallerei gab es nicht. Keiner kam auf die Straße, um mit Sekt anzustoßen (Sekt???). Kein Fernseher lief, *et joow jo kaane* und brachte stundenlang Sketche, worüber man *sech schippelech laache soll.* Höchstens die Radios waren eingeschaltet. Sonst war alles ruhig. *Noahs em 12 Oue han de Glocke jelout.* Waren wir noch wach, gaben unsere Eltern uns die Hand sagten *»Prost Näijohoa«*, wir gingen wieder ins Bett. Das war's. Der nächste Tag war wie der vorherige nur, dass es einen neuen *Aafräisskalenne joow.* Und schon war man im neuen Jahr. Es war Brauch, dass man den in den Geschäften, denen man das ganze Jahr treu war, als *Präsent zokrischt hatt.* Es gab *och Botzlompe, e Steckeltje Saaf* (Seife), *Staubdeeche ode eben en Aafräisskalenne.*

Manchmal hatte man zwei davon *un nur ahn Botzlomp. De hätt me niddeje jebroucht.* Aber wer freute sich damals nicht über ein Geschenk?

Dann koom der anere Kalenne eben en de Fedekesch.

Mama

Wenn ich an unsere Mütter denke, wird mir ganz schwer ums Herz. Alles, was heute selbstverständlich ist, war es damals nicht. Mütter waren für alles zuständig. Alles machten sie, ohne zu klagen. Ich habe es von meiner Mutter jedenfalls nie gehört. Morgens als erstes Feuer machen, dann *woa de Stall dran*. Die Kühe mussten gemolken werden. *Flott en et Hous, de Kenne wecke fir en de Schul. Woa Schullmess, en halef Stun frehe.* Die Kleinen durften noch *e besje läie bläiwe. Melesch koche un Bottebrecke schmeere.* Waren die Kinder versorgt, kam die andere Arbeit dran. Die Milch, die man zuviel hatte, kam in eine Kanne und wurde *off et Meleschbänkeltje jetron.* Die Milchbänkchen waren an einem zentralen Ort. Fast in jeder Straße stand eins. Ja, warum gab es denn so etwas? Die Milch musste *off de Molekeräi no Esch*. Also hatte jedes Dorf einen Mann mit Pferdewagen, nein kein Auto, der die Kannen einsammelte und nach Esch transportierte. Zu meiner Zeit *wor dat de Melesch-Albert*. Er hatte diesen Auftrag von seinem Vater übernommen. Die leeren Kannen brachte er auf dem Rückweg mit und jede kam wieder auf ihr Bänkchen, bereit für eine neue Ladung am nächsten Tag. Später war *et Meleschbänkeltje* ein beliebter Treffpunkt für uns. Irgendeiner war immer da.

Dann ging es im Haus weiter. Die Betten wurden gemacht, *de Wäsch offjestallt* und fürs Mittagessen gesorgt. Während mein Vater das Vieh fütterte und aufs Feld ging. Viele Frauen mussten diese Arbeiten auch übernehmen. Nicht alle waren Bauern. Viele Männer *jongen off de Koul* (Schiefergrube) *schaffe*. Diese gingen morgens im Dunkeln aus dem Haus um unter Tage zu arbeiten und kamen abends im Dunkeln nach Hause. Außer Sonntags sahen sie die ganze Woche kein Tageslicht. Als ich das hörte, war ich froh, dass wir eine kleine Landwirtschaft hatten und mein Vater im Hellen arbeiten konnte.

Kamen wir aus der Schule, hatten wir *schwär Hunge.* Natürlich hatte Mama das Essen fertig. »Komm Herr Jesus, sei unser Gast und segne was du uns bescheret hast. Amen.« Das Gebet war schnell gesprochen und schnell wurde gegessen. Schließlich hatten alle noch was vor. Mussten wir nicht mit aufs Feld, gingen wir *off de Strooß.* Also ich nicht. Ich war ja, wie Mama, fürs Spülen zuständig. Bei uns wurde nachmittags *Kaffi getronk.* Dazu gab es dann auch Kuchen (nicht nur Sonntags). Im Herbst *Reembjeskoche met Appelkombot, Sträisel met Äppel, Zuckeweck met Rosine un Zuckeguss, ode Buddingsdaaltje* (Teilchen). Das hat vielleicht gut geschmeckt. Zwischendurch *de Wäsch offhänke, de Stuff kehre un de Joate in Odnung haale.* Abends das gleiche Spiel im Stall. Nach dem Melken kam die Milch in *de Zentrefuch* und musste gedreht werden. Das war meine Aufgabe, immer schön gleichmäßig so das die Zentrifuge gesungen hat. Der Rahm wurde abgeschöpft und es wurde Butter gemacht. Der Rahm auf frischem Brot, *e besje goode Botte drunescht, hmmm.* Mein Vater schnitt das Brot auf, das er zuerst bekreuzigt hatte. »Herr segne dieses Brot und alle die davon essen.« Dieser Spruch ist mir so in Fleisch und Blut übergegangen, dass ich das heute noch bei jedem Brot mache.

Waren wir im Bett, war für Mama noch lange nicht Feierabend. Sie musste die Arbeit machen, für die am Tag keine Zeit war. *Boxe mooßten jefleckt wäre, de Junge säin Räisslakese,* (sie haben alles zerrissen) *un de Stremp jestoppt.* Es fehlten Knöpfe und bei manchem Pullover waren die Arme se kurz und mussten angestrickt werden. Mama fiel dann todmüde ins Bett, schließlich war die Nacht kurz, eh ein neuer Tag begann. Das war Sonntags ganz anders. Obwohl nicht so ganz. Morgens musste sie in *de Freemess. Wehe, me hat jefählt. Naja, dat Veeh moßt och vesorecht* (versorgt) wäre. Die Kinder waren auch noch da, die wurden ins Hochamt geschickt. Dann flott *de Bette maache un de Brode* (Braten) *offstelle.* Nach dem Mittagessen und Spülen war ein bisschen Ruhe. Also, so ganz anders war es nun doch nicht, außer das nicht gewaschen und geflickt wurde. Ja, es gab noch einen Unterschied, *de Kiddelscheetz*. Sonntags war es *de Sunnes Scheetz*. Wochentags *de Bont* und sonntags die weiße. Ich habe mich immer gefreut, wenn Mama die »Weiße« anhatte, dann hatte sie auch ein bisschen frei.

Zeit sich fein zu machen, gab es nicht viel. Die meisten Frauen trugen ihre Sachen viele Jahre, *et woa jo ka Vejang dran*. Mama hatte ein paar schöne Kleider (Hosen für Frauen waren eine Seltenheit), Röcke, Blusen und Nylonstrümpfe mit Naht. Strümpfe, keine Strumpfhosen. Hatten die Frauen sonst dicke Strümpfe, meistens *braune an de Strombbännele,* gab es jetzt feine, ganz dünne Nylonstrümpfe mit Naht. Sie wurden gehütet wie ein Goldschatz. Und dann die Naht, sie sollte immer ganz gerade hinten am Bein hochgehen. Aber oje, man hat doch hinten keine Augen. Hat man nicht richtig aufgepasst, zack hatte man eine Laufmasche. Was machte man in seiner Not? Nicht neu kaufen, die Maschen wurden aufgefangen. Später, viel später stoppte man sie mit Nagellack, *dänn jof et net iwwerall*. Das war vielleicht *en*

Die Hochzeit meiner Eltern im Mai 1949.

Pingelskrom und manche Frauen hatten dann plötzlich zwei Nähte. Die Strümpfe waren teuer und das Geld wurde für andere Sachen gebraucht, die wichtiger waren. Aber egal, jede Frau, die ein paar von diesen wunderschönen hautfarbenen Nylonstrümpfen (20 den) besaß, war mächtig stolz. Ich kann mich erinnern, dass mich diese Stümpfe magisch angezogen haben. Einmal als Mama beim Melken war, ging ich *owenoff,* zog ein schönes Kleidchen an, und nahm sie aus der Schublade. Ganz vorsichtig zog ich die Strümpfe hoch. Natürlich waren sie viel zu lang, aber mit einem Einmachgummi war die Sache schnell behoben. Bei unserer Nachbarin hatte ich mir schwarze Pumps ausgeliehen, Christel wusste schon Bescheid wenn ich diese Schuhe *jelinnt hann woll.* Natürlich waren die auch viel zu groß, *se hann jeschlappt,* auch das machte nichts. So aufgetakelt stolzierte ich in den Stall, wo meine Mama war und präsentierte mich. *Owei, owei, bat has dou dann vieer?* Naja, ich wollte mich *schien maache un de Stremp ausprobere.* Mama musste lachen, als sie mich in diesem Aufzug *owens, metten im Stall, zwechen em Päad un de Keeh* sah. Sie hat nicht geschimpft, es war ja nix passiert und die Stümpfe waren auch noch heil.

Mama hatte auch keinen Schuhschrank voll mit Schuhne. *Sunnese, Wäatese un e poa fir ent Fald,* mehr brauchte man ja nicht und für die paarmal die man »ausging«, reichte das, was man hatte. Viele Frauen trugen Kopftücher und Kittelschürzen, das war die Standardkleidung. Mein Vater sah das nicht so gerne und deshalb schränkte Mama das *Koppdooch* tragen ziemlich ein. Natürlich beim Melken und bei der Feldarbeit musste es sein.

Ich weiß nicht, ob alle immer zufrieden waren. Damals hatten viele nicht so viel, aber wenn im Dorf etwas los war *un Musik woa, dann wur sech fäin jemach* und für eine kurze Zeit konnte man die Sorgen hinter sich lassen und das tragen, *batt fir Goot woa.* Heute kann ich gehen wohin ich will, ich brauche nicht auf Laufmaschen zu achten. Wenn *se kabott säin kaafen ech mir en näi Strumpfhos.* Im Schuhschrank stehen

Schuhe für alle Gelegenheiten. Im Kleiderschrank *hänken Boxe, Jackere, Owedaal* (Oberteile) *en Masse*. Wenn ich *se nimmi well, kummen se en de Sack.* Was noch gut ist (das allermeiste), trage ich in den Kleider- oder Schuhcontainer. Man hat doch schließlich ein gutes Gewissen, wenn man die Sachen dahin trägt, wo sie für arme Leute gesammelt werden. Wurden die Sachen von Mama getragen, hatte sie jedesmal Freude, denn die Möglichkeiten etwas auszuführen waren gering. Ich muss sagen, jedesmal, wenn ich Mama im Sonntagsstaat sah, fand ich sie wunderschön. Auch wenn sie das Kleid schon ganz oft *anjehat* hat. Alles haben Mütter getan, ohne Waschmaschine, ohne Trockner, ohne Elektroherd, ohne Bügelstation (gebügelt wurde mit Eisen die man vorher auf dem Herd heiß gemacht hatte), ohne warmes Wasser *ous em Granne*, ohne Mixer, ohne Küchen- und Spülmaschinen. Es gab keinen Wellness-Kurzurlaub, und sich abends mit einem Jogging- oder Hausanzug auf die Couch zu hauen und *Fernseh gucken* war auch nicht möglich, es gab ja keins. Was alles damals selbstverständlich war, können wir nicht mehr nachvollziehen. Ich stelle mir vor, mich morgens ohne Badezimmer mit eiskaltem Wasser zu waschen und ganz ohne Fernseher und ohne legeres Outfit mit Stopfarbeiten den Abend zu verbringen.

Oje, das wird schwer.

Dorfleben

Das Dorfleben gestaltete sich früher sehr familiär. Fast alle hatten kleine Häuser, meistens mit offener Küche, einer Scheune und einem Stall. Im Hof lag der Mist und davor stand *de Klo*. Da man Selbstversorger war, hatten viele zwei Kühe, *e por Wutze un Heene*. Der Hund lag in seiner Hundehütte und hatte die Aufgabe zu wachen. Mein Vater war sehr tierlieb und oft schleppte er etwas an, woran wir uns erst einmal gewöhnen mussten. Einmal hatten wir Perlhühner und Gänse. Die machten aber so ein Geschrei, dass das nicht lange gut ging und wir unsere Nachbarin zum Gänserupfen bestellen mussten. Scheinbar war es so, dass Gänsefedern nicht so einfach zu rupfen waren wie *Bippefäddere* (Hühnerfedern). Geschmeckt haben sie aber schon. Für damalige Verhältnisse wurden unsere Tiere artgerecht gehalten. Wir waren ja mit einem Pferd ausgestattet, unserem Fanni. Abends bekam Fanni seine Streicheleinheiten genau wie unsere Kühe. Sie wurden gebürstet, bis sie glänzten. Im anderen Stall lagen auf frischem Stroh *de Wutze un de Ferkeltje*. Eine Zeit lang konnte ich Berichte über Tiere, die nur gemästet wurden, in engen Ställen, ohne Stroh unter den Füßen dahin vegetierten, nicht sehen, ohne das mich das sehr erschütterte. (Heute noch). Aber man ist langsam auf einem besseren Weg. Schweine, Kühe und Hühner leben teilweise unter besseren Umständen. Wenn ich heute Kühe auf einer großen Weide, Schweine im Stroh und Hühner scharren sehe, denke ich immer an zu Hause. Es war ja keine Massenproduktion. Wenn man etwas zuviel hatte, gab man es denen, die zu wenig hatten. Eine Frau (heute über 80 Jahre alt) hat mir erzählt, dass mein Mille-Opa ihr öfter ein Säckchen Mehl gegeben hat, damit ihre Mutter Brot backen konnte. Das war vor meiner Zeit, aber gute Menschen gab es immer.

Hatten wir geschlachtet, behielten wir die eine Hälfte der Sau für uns. Die andere wurde verkauft. Der Metzger kam ins Haus um zu schlachten. Das war nix für mich, die nackte Sau *offjehange se sehn*. Ich erinnere mich nur an die weiße Plastikschürze vom Metzger und das große Messer, das er immer vor dem Zerteilen *met em Schläifstaan* (Schleifstein) *jedängelt* hat. Unser Metzger war ein freundlicher Mann. Deshalb, denke ich, hatte die Sau auch keine Angst und ist mehr oder weniger freiwillig in den Tod gegangen.

Die Wurst machte Mama selbst. Das konnte sie ziemlich gut. Heute noch schmecke ich *de Housmaache*. Manchmal reichten die Därme nicht, dann mussten wir *hutisch* (schnell) zum Metzger laufen. Dieser hatte ein Geschäft indem man für eine oder zwei Mark *Därm* kaufen konnte. Natürlich sah er das nicht gerne, da er lieber Wurst und Fleisch selbst verkauft hätte. Wir hatten immer ein bisschen Angst, wenn wir nur *Därm* besorgen sollten. In unseren Augen guckte er immer etwas böse und oft bekamen wir nicht mal ein Stückchen Wurst. Natürlich machte der Metzger auch seine Geschäfte, denn nicht alle Leute hatten *e Wutz* und konnten zu Hause schlachten lassen.

In den 1950er Jahren gab es einen Kochkurs im Saal Schmitz.

Zu meiner Kinderzeit war in unserm Dorf noch *eppes loss.* Ich glaube, dass das in jedem Dorf so war. Es gab vier Wirtschaften, davon hatten zwei einen Saal. Dort wurden Hochzeiten gefeiert, an Kirmes und Fastnacht ging es hoch her. Es gab es fünf Geschäfte. Davon waren zwei Bäckereien, *de Klee un Schäfjes.* In unserer Nachbarschaft *woa Hälemese, en de Kerchjaas Bäckesch. Une woaren Spikemanns un Kaiseschklääs un en de Deppesjaas woaren Breitbachs.* Bei Breitbachs gab es im Herbst und Frühjahr frischen Fisch. *E janz Fass voll Häring met Kopp un Schwänz.* Das war was. Wenn es so weit war, rannte *Schoste-Fränz met de Schell durch et Dorf* (nix Telefon). Da er für alle wichtigen Sachen zuständig war, die unter die Leute kommen sollten, wurde das noch persönlich erledigt. Also waren die Heringe auch sehr wichtig. Es gab zusätzlich die Information: »*Bäi Breitbachs jett et fresche Fesch.*« Da mein Vater und meine Mutter den sehr gerne aßen, *jong et ab bäi Breitbachs Fesch kaafe.* Mama legte sie in Sahnesoße mit Gurken, Zwiebeln und den Innereien, *Meleschet un Läiset,* ein. Nach ein paar Tagen wurden sie *met jeschmälzte Krombere jäas.* Das war ein Genuss. Mama und Vater bekamen *de Buckel* und wir durften *de Schwänz aaflacke.* Noch einmal zurück zu den Geschäften. Hatte man etwas vergessen, war das nicht so schlimm, *me joong einfach hennerim.* Es gab auch ein »Haus der Geschenke«. Man bekam da nicht nur schöne Geschenke, nein Anneliese hatte *och Enmachskrowere und alles drimerim.* Außer den Geschäften gab es noch *de Mill,* die von meinem Opa und meinem Onkel betrieben wurde. Es gab zwei Schreinereien, eine Zimmerei, ein Sägewerk. *Bäim Albert un em Werne kun me fir nix Sächmell fir de Sächmellsowe aafholle.* (Ein Sägemehls-Ofen wurde dort eingesetzt wo ein normaler Ofen nicht ausgereicht hat, z.B. in Neubauten die schnell trocknen sollten). Es gab einen Dachdeckerbetrieb, zwei Schuster und zwei Metzger. Der Schneider, *de Willi* (Patenonkel meiner Mama), hat manchen *Huxendsanzuch* genäht. Auch der meines Vaters stammte vom Willi. Ich habe ihn heute noch. Einen Schneider gab es noch *em*

Munerejewäch und viele Schneiderinnen, die ein bisschen Geld mit Näharbeiten verdienten. Es gab eine Maurer-Firma, drei Schmiede, *em Paula säi Vatte, de Pauke-Toni un Dinnese-Toni*. Alle drei hatten viel zu tun, schließlich *moosten jo de Päad beschloon wäre*. Wir hatten eine Post und sogar eine Auto-Reparatur-Werkstatt mit Tankstelle (Stinnes-Fanal). Später, als es mehr Autos als Pferde gab, war das ein großer Vorteil. Man hatte eine Tankstelle im Dorf, die gleichzeitig ein Treffpunkt war. *Me fuhr bäi Gails-Hein tanke*. Dazu kam dann einmal im Jahr die Fahrzeugsegnung. Die Pferde hat man auch mitgesegnet, schließlich waren das ja auch Fahrzeuge. Spiekermanns hatten *näwescht em Ladde* auch noch eine Gärtnerei. Am *Bersch* (Berg) *un em Bäilschtewäch* (Beilsteinerweg) betrieben *de Spickemanns Junge* Gewächshäuser aus Glas. Wir hatten die Kirche im Dorf *un en Pasdur janz fir us alaan*. Wir hatten eine Kasse *un de Kasse-Erich* hielt sie am Laufen. Es gab einen Tambour-, einen Turn- und eine Fußballverein. *Un nadierlesch, de Feuerwehr*. Fast überall wurden Lehrlinge ausgebildet. Das alles war im Dorf. Was es nicht gab, das waren viele Fernseher. Aber bei *Kehres en de Wirtschaft stand aane*. Es gab ein Jahr, da lief im Fernsehen eine Serie, die durften wir mit unseren Eltern *kucke joon*. »So weit die Füße tragen«. Sie lief immer sonntagnachmittags und zog viele in ihren Bann. Das war vielleicht spannend. Die Wirtschaft war rappelvoll. Schnell bekamen wir noch *en Limmenad befir et lossjong*. Während der Film lief, wurde nix ausgeliefert und man hörte kein einziges Wort. Ja, und dann rannte *de Clemens Forell* ein paar Wochen von Sibirien *haam*. Der Film beruhte auf Tatsachen und man war die ganze Woche gespannt wie es weitergeht. Mich hat der Film sehr berührt und oft denke ich noch an dieses Ereignis.

Ich weiß, dass ich bestimmt etwas vergessen habe, was im Dorf war, aber eins weiß ich: in den Geschäften gab es *imme e Zuckestaandje zo*. Noch einmal zurück zu Breitbachs. Als ich später mit meiner Familie in die Nachbarschaft zog, wollten meine Kinder Spinat essen (tiefgefroren), also flott ab *bäi et Trehs. »Ech han kaane mi, ewe woad aas.«* Sie ging in den Keller und gab mir eine Tüte aus ihrem Vorrat, den sie selbst eingefroren hatte. Das habe ich bis heute nicht vergessen und bin froh, eine so gute Seele in der Nachbarschaft gehabt zu haben.

Heute sieht es mau aus in unserem Dorf. Die Wirtschaften sind verschwunden, *de Kirch es noch do, ewe de Pasdur es fott. De Kass hann se us och aafjeholt. Alles es irjenwie weg*. Aber wir haben noch einen gut sortierten Metzgerladen. (Donnerstags warme Fleischwurst – ein Genuss.)

Eine Anmerkung habe ich noch, lag der Hund früher im Hof und bewachte das Haus und die Kinder spielten auf der Straße, ist es heute umgekehrt, die Hunde sind mit Herrchen und Frauchen auf der Straße und die Kinder bewachen mit dem Smartphone das Haus. Schade!

Essgewohnheiten

Im Winter war das mit dem Essen kochen kein großes Problem. Hatte man doch im Herbst gut vorgesorgt und alles, was haltbar zu machen war, wurde haltbar gemacht. War im Garten alles reif, wurde das, was nicht sofort gegessen wurde, verarbeitet. So konnte man im Winter immer eine gute Mahlzeit auf den Tisch bringen. Eine Sache musste es unbedingt sein: *Souere Kappes*. Den konnte man bequem winterfest machen. *De Kappeskäpp* waren ziemlich dick und Mama konnte das nicht alleine handhaben. Also kam *de Kappesschnäide*. Der Mann wurde bestellt und nach einer »Terminabsprache« kam der Mann ins Haus. Es war ja so, dass alle *Kappeskäpp* gleichzeitig reif waren und fast jedes Haus diesen Mann dringend brauchte. Mama hatte *fir de Kappes e gruß »Stanene Deppe« un dat moost voll wäre. Denn souere Kappes es jesonnt un schmackt goot.*

Naja, uns Kindern nicht so, aber da machte man nicht so viel Aufhebens. *Jo un dann woa en do, de Kappesschnäide*. Er hatte einen großen Hobel, der wurde mitten in der Küche *of de Bitt* platziert. Zuerst kam *de Strunk erous*. Dafür gab es auch ein spezielles Werkzeug. Dann begann der Mann seine wichtige Arbeit. Schnell füllte sich die Tonne. Lage um Lage wurde gesalzen und eingestampft. Der Mann und Mama leisteten Schwerstarbeit und kamen regelrecht ins Schwitzen. Die ganze offene Küche roch nach frischem Gemüse. War die Tonne voll, (meine Nachbarin sagt: *»de Stann«*) packte der Mann sein Werkzeug *off et Käachje* und ging ins nächste Haus. So, nun hatten mir *de Kappes*. Noch einmal salzen, *en ronn Schiefeplatt un en Flastestaan droff*. So konnte der Kohl gären und war im Winter küchenfertig. Wie gesagt, als Kind war ich nicht *su vepischt off Kappes*, aber mein Vater war unerbittlich, *häi wiied jäas bat off de Dech kimmt*. Heute ist das ganz anders.

Unser aller Lieblingsgericht, Sauerkraut mit gelbem Erbsenpüree, darüber zerlassene braune Butter, dazu ein Kotelett, da läuft mir das Wasser im Mund zusammen. Am nächsten Tag aufgewärmt, mit Kartoffelpüree *un em Spiegelei, sooo gut.* Wintergemüse, wie z.B. Rosenkohl, gab es auch nach dem ersten Frost. Da mein Vater davon kein Freund war, genau wie von *souere Bunne,* gab es das bei uns nicht.

Diese Gerichte, auch Schwarzwurzeln, lernte ich später bei meinen Schwiegereltern kennen. Das alles esse ich heute sehr gerne. Im Winter musste man für Vitamine sorgen. Obst und Gemüse aller Art waren da sehr wichtig. Die Äpfel, die eingelagert waren, kamen nach und nach zum Zug. Es gab *Äppelkombott* mit gebratener Leber- und Blutwurst. *Äppelkombott bäi de Deppekooche.* Der konnte bei uns nicht groß genug sein, *em gußäisene Bräädе, em Backowwe vom Kollehäad jebroode, do kunn me sech richtech vepänze. De Deppekooche am nächste Daach offjewärmt hat noch emol goot jeschmackt.* Natürlich gab es auch Apfelkuchen *un Appelkescheltje.* (Bei uns auch sehr gefragt.)

Und dann der Bratapfel. An kalten Wintertagen einen Bratapfel, *widde aus em Backowwe, met e besje Zucke driwe, warm*

Der Bäckerladen meines Opas in der Bergstraße.

jäas, hmmm. Wenn es Nudeln gab, gab es *e Jelaas Mirabelle ode Qwetsche debäi.* Also war es gut, wenn man viele Obstbäume hatte.

Aus Bohnen machte man *Bunnesopp.* Würstchen waren nicht so modern, also kam ein Stück Fleisch *en de Sopp. Krepeltje* waren bei uns auch der »Renner«. Am besten schmeckten sie aus der gusseisernen Pfanne. Mama backte sie im Akkord. Wir saßen da, Messer und Gabel griffbereit, und warteten auf unsere Ration. Die letzte, die dran war, war wie immer, Mama. Dabei hatte sie schon *de Krompere un de Zwiwwele met de Hand jeriwwe.* Das war eine sehr anstrengende Arbeit. Oft hatte sie blutige Finger, denn die Kartoffel wurde bis auf den letzten Rest gerieben. Sag mir heute mal, ich soll Kartoffel und Zwiebel für 6 Personen mit der Hand reiben. Das geht ja gar nicht. Da geh ich lieber mal ganz *flux in de* Supermarkt und kaufe ein Eimerchen Kartoffelbrei. Fertig. Und das Eimerchen kann ich auch noch gebrauchen. *Äh, bofir dann?* Auch die supertollen Küchenmaschinen erledigen die Arbeit im Nu. *De Kollehäad woa nadierlech en de Stuff.* Mama hantierte mit zwei Pfannen *off em Häad erim.* Der Ölgeruch war im ganzen Haus und in den Kleidern. Da konnte man keinem etwas vormachen, man roch sofort *bo et Krepeltje jenn hat.* Dazu gab *et och janz oft Räisbräi met Zucke un Zimmet. Ode widde Äppelkombott.* Im Keller, meist Erdkeller, standen *de Stanene Deppere.* Dort lagerten auch die Kartoffeln und die Äpfel. Auf den Regalen standen die Einmachgläser mit *Mirabelle, Birre un Qwetsche.* Auch *et Scheele* stand dort. War der Keller gefüllt, hatte man ein gutes Polster um über den Winter zu kommen. War der Keller sehr übersichtlich, wurde es Zeit, dass der Frühling Einzug hielt und man an die nächste Saison denken konnte.

Etwas aber gab es immer frisch: Brot. In der Woche *joof et Reckebrut.* Ein Brot hielt natürlich nicht so lange bei einer großen Familie. Schließlich bekam jedes Kind *en Botteramm met en de Schul.* Bei uns gab es meistens Schinkenbrote. Mamas Spezialität, Schinken selbst geräuchert. Zwei hingen meistens *em Raaschehäisje* (im Schornstein). War er essbereit, also gut geräuchert, gab es Schinken satt. Einer wurde aufgeschnitten *fir off et Steck*, der andere wurde als Backschinken gespart *fir »Feiertags«*. (Oft für *Kommion von de Kenne un fir Kermes*.) Manchmal hätte ich mein Pausenbrot gerne gegen ein Käsebrot eingetauscht, aber *ech well net moule* (meckern). Es gab Kinder, die hatten nur Margarine *un Schelee off em Steck*. Ich glaube, die träumten von Schinken, wie ich von Käse. Samstag war ein anderer Tag. Dann gab es Weißbrot. Außen leicht gebräunt und innen weiß. Wir kauften es bei meiner Tante *en de »Näistadt«* (heute Hauptstraße). Von dem Brot *et Kischtje, met deck Botte droff*, darauf waren wir ganz wild. Dazu *enn Pann Eieschmeer, soo gut*. Von dem Brot und von den Brötchen träume ich heute noch.

Apropos Brötchen, die waren damals noch nicht so gefragt wie heute. Aber wenn ein Schulausflug anstand, musste man *sech dummele* (beeilen). Meine Tante sagte immer, wenn *de enn Ausfluch maachen, mooßen mir viel mie Brietje backe*. Es war alles etwas Besonderes. Heute meint man, ohne frische Brötchen, die es stündlich frisch in den Backfilialen zu kaufen gibt, kann man nicht sein. Naja, frisch schmecken sie ja noch, aber am nächsten Tag hat man nur noch Gummi im Mund. Es ist nichts besonderes mehr. Es ist schick am nächsten Tag alles auf der Brötchentaste aufzubacken. Brot ist auch nichts besonderes mehr. Alles liegt für uns Kunden bereit. Viele verschiedene Sorten: Körner-, Eiweiß-, Grau-, Schwarz-, Weiß-, Holzofenbrot, Brot mit Möhren, Brot mit Allem. Möglichst immer frisch. Es tut mir weh, wenn ich sehe wieviel Brot »entsorgt« wird. Es ist Massenware. Für uns war Brot immer etwas wertvolles und es wurde *bes off de letzte Krimmel jäas*.

Etwas Gutes hätte ich beinahe vergessen, *Krompere Klies*. Auch dafür musste man *en halewe Sack* Kartoffel schälen und reiben. *De Klies*, serviert mit *Zwiwwele un Speck driwwe, owei, hat dat goot jeschmackt*. Man kann es sich nicht vorstellen, es gab keine Pizza, kein Döner, kein Hamburger, keine Chinesischen Nudeln mit Entenbrust, kein Mayo und kein Ketchup. Nirgends hielt ein Hähnchenauto, es gab keine Imbissbude mit Currywurst und Pommes. Es gab keine Salatcups im Supermarkt, es gab ja auch keinen Supermarkt. Es gab kein Salatdressing mit feinen Kräutern, *et joof Wenterananndiewesch* (Endiviensalat) *met Essesch un Öl*. Spaghetti waren auch nicht modern, es gab Makkaroni. *De hann su schien jeflutscht.* Es gab keinen Lieferservice, der das Essen ins Haus brachte, et *joow salewe* gekocht, sonst hatten wir *nix owem Telle.* Wir haben das Alles nicht gekannt, somit auch nicht vermisst.

Wir sind auch ohne *dat janze Jedehnz gruß un satt worre.*

Modische Variationen

Ja, dann gab es noch die Sache mit den Frisuren *un em Andoons* (Anziehsachen). Es war ja nicht so, dass jedes Dorf einen Frisör hatte. Aber irgendwann hatten wir einen. Alfons Gilles aus Illerich machte bei uns eine Filiale auf. Prompt standen wir Kinder Schlange. Vorher war unser Vater der Frisör im Haus. Meinen Brüdern verpasste er kunstgerecht immer einen tollen Haarschnitt – Naja. Für Männer waren zwei Herren zuständig. Ich glaube, deshalb heißt es auch Herrenschnitt. Da ging »Mann« hin, und in einem Hinterzimmer wurden sie dann neu frisiert. Aber das war ja gar nichts gegen den neuen *Salong*.

Da ich bis jetzt immer nur schön geflochtene Zöpfe hatte, die nie abgeschnitten wurden, kam mir der Frisör gerade recht. Ich wollte *de Zempele net mie.* Also durfte ich zum Haare schneiden. Zuerst auf den Stuhl *en denn gruße Spejel kucke.* Allein das war die Sache schon wert. Dann *koom der schwatze Imhang, de Kooedel* (Kordel) *hat aanem baal de Hals zojezurre.* Schon ging es los. Nach 10 Minuten hatte ich *kaan Fleschte mie, nein ech hat en Bubikopp. Schien met Spängeltje an de Säit. Su, noch aafbinsele un besprühe.* Das war der Höhepunkt. Die Mädchen, ich glaube auch die Jungen, hatten dieses Erlebnis und redeten nicht nur übers *Hoaschnäide,* sondern auch über dieses wunderbar riechende Duftwasser.

Mama ging meistens einmal im Jahr *no Esch bäi »Pätzborns Erika«.* Dort wurde ihr eine Dauerwelle verpasst. Das sah immer sehr schön aus. Hatte man erst einmal eine Dauerwelle, waren die Locken, wie der Name schon sagt, dauernd da. Viele Frauen aber trugen ja Kopftücher und wie es da drunter aussah, wusste man nicht so genau. Kopftücher waren genau wie Kittelschürzen, Standard. Die Hauptfrisur für die älteren Frauen *woa de Knutze.* Alle Frauen, die älter waren als meine Mutter, trugen diese Dinger *off em Kopp oder e hohng em Jeneck* (Nacken). Die Schwester meines Vaters hatte eine besondere Frisur. Sie hatte einen Zopf geflochten und den um den Kopf gewickelt. Das sah aus wie eine eingebaute Krone. Offen getragen reichten ihr die Haare bis an die Hüften. Nach der Ansicht, die ich als Kind hatte, hatten *all aale Fraue en Knutze met em Netz drimerim*. Das war am einfachsten. Die Netze gab es in allen Farben und passten sich so der Haarfarbe an. Man war gekämmt und brauchte keinen Frisör. Der Knoten wurde *met Hoanädeltje* (Haarnadeln) *fastjestoch* und so hielt das Gebilde den ganzen Tag. Wir hatten zu Hause eine Ondolierschere *un en Lockezang*. Das waren zwei Foltergeräte. Aber wie heißt es doch: wer schön sein will, muss leiden. Unsere Nachbarin Christel – *die met denn Huhe-Aafsätz-Schohn* – machte mir damit meine Haare schön. *Mäin Hoa woaren strack* und ich wollte doch *soo gerne Locke en mäine Bubikopp han*. Also *ab bäi et Christel*. Sie machte *off em Kollehäad de Lockeschäa haass*, klemmte eine Zeitung

Meine Tante mit der »eingebauten Krone«.

zum Abkühlen dazwischen, nahm eine Strähne von *mäine Häaschje und schwuppdiwupp* hatte ich die tollsten Locken der Welt. Zum Ondolieren wurde die Schere rund gedreht und schwupps hatte man Schillerlocken. *Bat woa ich schien. Wenn ech dann off de anne Säit joong met mäine Lockepracht, un et woa e besje Wend, jo dann wooren se fott. Ewe se woaren schwär schien gewääst.* Für Mama gab es später Lockenwickler. Wenn die Dauerwelle nicht mehr so gehalten hat, wurden die Haare zu Hause *offjedräht. Off de Kopp koomen de decke Relltje, wäide runne de dinne.* Schon ganz früh durfte ich Mama die Haare aufdrehen. Das hat sie sehr erleichtert, *me koom jo schläächt an de Hennekopp.* Bald gab es den ersten Festiger und das erste Haarspray. War man nicht vorsichtig, hatte man einen *Kopp be Bedong.* Da konnte einem *e besje Wend de Frisur net durchenanne dängele.* Meine Mama hat mir immer erzählt, sie und ihre Schwestern hätten fast bis zu ihrem 18. Lebensjahr noch Zöpfe tragen müssen (*Affeschoukele*). Für meine Mama war das nicht sehr schön, aber ihr Vater bestand darauf, dass seine Mädchen (er hatte 5) diese Frisur trugen. Nur die Kleinste brauchte das nicht. Ja, mein Opa hat damals sehr auf Anstand und Moral geachtet. Ich muss dazu sagen, dass meine Oma schon gestorben war, als die Kinder noch klein waren. Meine Mama war die Zweitälteste und erst 12 Jahre alt. Ich glaube, da hat sich mein Opa gedacht, mit diesen Frisuren kommen sie bestimmt nicht bei den Herren der Schöpfung an. Später hat Mama mir erzählt: sie war bei ihrem Cousin in Lahnstein zu Besuch, der hat sie als erstes zum Frisör geschickt. So frisch onduliert und einem neuen Hut oben drauf, war sie eine andere Frau. Nach kurzer Zeit hatte sich auch mein Opa daran gewöhnt, zumal die anderen Schwestern diese »alten Zöpfe« genau so schnell abschneiden ließen.

Was ich noch in Erinnerung habe, ist eine Sache zum Anziehen. Obendrüber konnte man ja sehen, was man »anhatte«.

Wäatese Klaade un de Scheetz. Aber untendrunter? Ich weiß noch, dass ein Händler ins Dorf kam und etwas für *Unnedrunescht* im Gepäck hatte. *Korseletts,* das waren vielleicht

Apparate. Alles in einem Stück, Büstenhalter (heute sagt man BH), Hüfthalter, Strumpfhalter alles in einem. Das Ganze in Zartrosa – man sagte fleischfarben. An den Seiten waren weiße Stäbchen aus Plastik in einem »Tunnel«. Geschlossen wurde das Korsett mit lauter kleinen Häkchen. Kam man hinten nicht dran, schloss man die Häkchen vorne und warf das ganze Ding rum. Die Frauen bekamen glänzende Augen, wenn sie diese Wunderwerke sahen. Ich glaube, die Männer auch. Die »Dessous«, waren natürlich nicht ganz billig und deshalb gab es erst einmal nur eins. Das Alte war ja noch nicht ganz durch. Das wurde dann werktags aufgetragen, aber sonntags … was hatte man da für eine Haltung. Die Stäbchen (bei dem alten *woaren se nimmi do*) hielten einen hoch. Der Büstenhalter war wieder in Form und faltenlos. Das Sprichwort »Brust raus« bekam mit dem Ding eine ganz neue Dimension. Was hatte man für eine Taille. Eine ganz neue Frau, eine ganz neue Figur. Naja, man konnte sich nicht so gut bücken und bekam auch nicht so gut Luft. Aber wenn man sonntags in der Kirche aufrecht in der Bank saß, hatte man eine völlig neue Position. Ja, das alles erlebte man mit einem neuen Korselett. Ich weiß noch, dass Mama immer froh war, wenn sie den neuen Panzer ausziehen konnte und denn *ousjeläiete* (ausgeleierten) *widde andohn kunn*, eine Wohltat. Heute sind die Sachen federleicht. Man bekommt sie in allen Farben und aus wunderbarem seidigem Spitzenmaterial. Sozusagen, ein Hauch von Nichts. Oje, wenn unsere Mütter mit diesen Dessous im Stall und Feld gearbeitet hätten. Dort war etwas Robustes angesagt und nicht ein Hauch von »Nichts«. Heute braucht eine Frau sich nicht mehr zu quälen und wenn mal eine, eine andere Figur haben möchte kann sie sich beim Beauty-Doktor alles richten und aufpumpen lassen. Jede so, wie sie es mag. Ich bin davon nicht begeistert und denke, man soll so bleiben wie man ist und nicht der Natur ins Handwerk pfuschen.

Einmal habe ich einen Satz gehört, der mir gut gefallen hat: »Es ist noch alles da, nur es hängt ein bisschen tiefer.«

Erinnerungen vor Ostern

Wenn Weihnachten vorbei war, gab es eigentlich nur noch ein Event vor Ostern. Das war *Fasenesch*. Das Highlight »Valentinstag« war noch nicht erfunden, ehrlich gesagt würde es mir auch heute nicht fehlen. Wie schon beschrieben, man hängte sich eine Larve vors Gesicht. Ein Ding, wie die heutigen Masken, nur das unten ein Stück Stoff dran hing, damit man Luft bekam. Natürlich auch deswegen, wenn man *e Zuckestaandje* bekam, das man auch ohne sich zu »demaskieren« *lutsche kunn*. Wir rannten durch das Dorf immer auf der Flucht vor den Jungen, die hinter uns her waren.

An Fastnacht durften wir uns schminken. Es gab bunte Fastnachtsschminke. Für uns Mädchen ein Traum. Lippenstifte, Make-up, *un ebbes fir de Aare* (Augen). Der Lippenstift wurde auch zweckentfremdet *fir de Backe*. Irgendeine hatte auch *rude* Nagellack. Das war die Krönung. Noch *e Schleifje ode en Fedde en de Hoa un ab off de Strooß*. Natürlich ohne Maske. Denn *woa me jeschminkt, woa dat Maske jenoch*. Außerdem der *goode Leppesteft*. Wir hatten immer Angst, dass er nicht hält. Deshalb wurde auch Reden und Lachen ziemlich eingeschränkt. Man wollte ja die ganze Pracht nicht verschmieren.

Also, die Schminke war schon etwas Besonderes. Den Geruch habe ich bis heute nicht vergessen. Wunderbar. War Fasnacht 'rum, musste man sehen, dass alles wieder runter kam. Auch der schöne Nagellack. In der Fastenzeit durfte man so nicht rumlaufen. Wenn man *Äschemeppesch* (Aschermittwoch) damit in der Kirche zum *Äschekräiz offtauchte*, gab es böse Blicke. Aber wir waren ja brav *un koomen blitzeblank jewäsch en de Kerch*. Die Fastenzeit war für uns recht trostlos. Es gab keine Süßigkeiten, kein Kuchen *un de Botte, soss schien deck off em Steck, joof dinn jekratzt*. Es gab keinen Tanz und keine Feste. Freitags war Fleisch- und Wurstverbot. Das war noch viele Jahre so, heute hält sich kaum noch jemand daran.

Man muss auch bedenken, dass viele Leute schwer arbeiten mussten und das Fasten dabei nicht sonderlich dienlich war. An Karfreitag war es ganz schlimm. Bei uns gab es *en Schottel decke Mellesch, e poa Krompere* und für Mama und unseren Vater *en Tass schwatze Kaffi ohne Mellesch* zum Mittagessen. Es war überall so. Es wurde sich daran gehalten. Keiner wäre auf die Idee gekommen *e Kotlett en de Pann se haue*. Das hat man sich für Ostersonntag aufgespart. Der ganze Druck der Fastenzeit war an dem Tag vorbei und das Leben war wieder strahlend und schön.

Die Kirche hatte immer großen Einfluss auf das öffentliche Leben. Eine Sache habe ich bis heute nicht verstanden. Warum musste eine Frau »Ausgesegnet« werden, nachdem sie ein Kind geboren hat? War das Kind getauft, war es ein »Kind Gottes«. Vorher war es ein »Heidenkind«. Man hat die Kinder ganz schnell taufen lassen, damit war man diese Sorge los. So, und dann kam die Mutter dran. Sie musste sich an den Seitenaltar knien und wurde ausgesegnet. Der Pastor hantierte mit einer Kerze herum, murmelte ein paar Gebete, und schon war die Frau rein.

Meine Oma musste zehnmal ausgesegnet werden! Ich frage mich heute noch, was war das eine Demütigung für die Frauen. Ein Kind zur Welt zu bringen, ist doch etwas ganz Besonderes. Niemals ist jemand unrein, der ein Kind geboren hat. Niemals ist ein Kind ein Heidenkind, wenn es nicht getauft ist. Ich sehe heute noch meine Mutter am Seitenaltar knien – ich war acht Jahre alt als mein jüngster Bruder zur Welt kam. Ich glaube, ich hatte damals schon das Gefühl, dass etwas nicht ganz richtig war. Ich habe Mamas Gesicht gesehen, als ob sie sich schämen muss, dass sie noch einmal Mutter geworden ist. Der liebe Gott und Maria haben das bestimmt nicht gewollt. Und heute bin ich froh, dass keine Frau mehr am Seitenaltar knien muss.

Ja, auch das gehört zu meiner Kindheit: Es gab eine Impfpflicht. Also alle mussten, wie man heute sagt, sich den »Picks« abholen. Niemand konnte sich davor drücken. Wir wurden in der Schule gegen Pocken geimpft. Zwei kleine Ritzer in den Oberarm, fertig. Manchmal war der Arm ein bisschen geschwollen und rot. Dann hat man einfach gekühlt – *en naase Lappe met kaltem Wasse droff* – und nach ein paar Tagen *woa et goot*. Kühlakkus gab es keine. Es gab ja auch keinen Kühlschrank, wo man die Akkus hätte tiefkühlen können.

Damals war die Versorgung von Krankheiten nicht so gegeben wie heute, aber es wurde vorgesorgt. Es kam ein Röntgenwagen ins Dorf und wir wurden auf Tuberkulose durchleuchtet. Jeder musste sich mit nacktem Oberkörper an eine Wand stellen, dann dauerte es nicht lange und man hatte das Ergebnis. Ich weiß noch, dass zwei Schwestern in unserer Nachbarschaft Tuberkulose hatten. Die Krankheit war sehr ansteckend und die Mädchen kamen in ein Sanatorium und mussten ganz lange dort bleiben, bis sie wieder gesund waren. Es gab immer schlimme Krankheiten und es stellte sich keiner die Frage, Impfen oder nicht, Durchleuchten oder nicht. Wir haben einfach unsern Eltern und Lehrern vertraut. Keiner wäre auf die Idee gekommen, montags »spazieren« zu gehen. Wir waren sogar stolz, wenn wir zwei kleine Einschnitte im Oberarm hatten.

Natürlich waren wir nicht immer gesund, wir hatten de *Kotz un manechmohl en Rotznoas* (Husten und Schnupfen). Ich hatte ganz oft *grisselesch Halspäin* und das Schlucken ging gar nicht gut (Angina). Mama steckte mich ins Bett, machte mir Kamillentee, brrr, und heiße Milch mit Honig. Da die Schlafzimmer nicht geheizt waren, *de Owwe woa unne un owenoff woa et zimlech kalt*. Also packte Mama mich in dicke Decken, *e Plümmo owwedroff un em Bett der warme Staan. Bat goot es fir de Kält es och goot fir de Hetzt.* Da auch Angina ziemlich ansteckend ist, kamen meine Brüder auch in den Genuss und Mama hatte ein neues Betätigungsfeld: Krankenschwester.

Es gab noch etwas, was ich nicht vergessen habe, Wick-Vaporub. Das war ein Muss. Alles wurde beschmiert, *de Hals de Steee* (Stirn) *un unnesch de Noas. Dat hat jebrannt.* Wick-Vaporub in heißem Wasser aufgelöst, *de Kopp driwe jehange, dat woa en Tortur. Ewwe et soll jeholef hann.* Ein warmes Bad im warmen Badezimmer, die Fußbodenheizung, die den

Boden schön warm macht, ein gut gelüftetes Schlafzimmer am besten mit TV, ein Päckchen Papiertaschentücher griffbereit, das hätten wir uns auch gewünscht. Aber wir wussten ja nichts von solchen Sachen. Bei uns hieß es: *»Do de Stremp an un renn net met de barwese Fees off dem kaale Staanbodem erim un holl de e fresch Sackdooch.«* Es gibt aber Sachen, die heute noch »in« sind. Heiße Milch mit Honig, Tee, Wick-Vaporub und natürlich Mamas als Patientenbetreuer.

Vorfreude auf Ostern.

Schulerinnerungen

Der Schulalltag war nicht so umfangreich wie heute. Das vier Jahrgänge in einer Klasse waren, war normal. Wir Kleinen saßen in den ersten Holzbänken, die Mädchen, *met besteckte Schetzje met Flutteschje* (Schürzen mit Rüschen) und hatten von *Tuute un Bloose kaan Ahnung. Hennecht us de Griessere de schun mie wossten.* Zuerst lernten wir auf einer Schiefertafel schreiben. Mit einem Griffel. Hatte man den nicht richtig angespitzt *es en iwwe de Tafel jeschruppt un hat jeschiejpst.* Das war vielleicht ein schreckliches Geräusch.

Wir lernten die Buchstaben des ABC einzeln. Immer schön in Schreibschrift. Ganze Reihen auf der Tafel. Zuerst die großen, dann die kleinen passend dazu. Ich bilde mir immer ein, meine Buchstaben sind mir gut gelungen. Hatte man sich verschrieben, kam das Läppchen zum Einsatz. War die »Tafelzeit« vorbei, ging es an die Bleistifte. Da brauchte man, wenn man sich verschrieben hatte, einen Radiergummi. Mit einem Tintenfüller, der später kam, war es schon etwas ganz anderes. Es gab noch keine Patronen, man musste die Tinte aus einem Tintenfässchen heraussaugen. Hat man nicht aufgepasst, *owei, woa me von owwe bes une beklext.* Es gab keine guten Noten wenn *me dat Schönschreibheft vesout hat.*

Wir lernten Diktate und Aufsätze schreiben. Einmal musste ich einen Aufsatz schreiben mit dem Titel: »Ich kaufe ein Päckchen Backpulver.« Damals war das die Aufgabe. Ja da musste man seine Fantasie spielen lassen, nur wer hat schon eine Fantasie zu einem Päckchen Backpulver? Wenn ich diesen Aufsatz – ich hab ihn noch – heute lese, muss ich lachen. Wir waren ja, was die Schule (und nicht nur die Schule) anbelangt ziemlich unbedarft. Einmaleins, Teilen, Raumlehre waren bis dato Fremdwörter. Wir waren ja in keinem Kindergarten (es gab keinen) in dem die Kinder heute schon auf die Schule vorbereitet werden und oft schon Buchstaben und Zahlen lesen können, wenn sie eingeschult werden. Ja heute werden die Kinder eingeschult, *mir säin en de Schull jange*. Es gab keinen richtigen Musikunterricht. Wir haben ein paar Lieder gelernt, das war's. An einen Kanon kann ich mich noch gut erinnern: »Ein Jäger längs dem Weiher ging, lauf Jäger, lauf Jäger, lauf, lauf, lauf.« Das hat mir nicht so gut gefallen, weil *dat henne un vieer net* geklappt hat. Später mussten wir Mädchen nachmittags in den Handarbeitsunterricht. An eine Sache erinnere ich mich noch sehr gut. Wir mussten *Iwwehandesche* (Überhandtuch) bestecke. Die waren damals *schwär* modern. Man hatte ein Brett mit Haken in der Küche *un do devieer hoong e Iwwehandoch*. Warum? Man hat die Küchenhandtücher unter dem *Iwwehandoch vestoch*. Das war in jedem Haus so und machte *eppes dehäär* (stellte etwas dar). Da meine Tante ja Weltmeisterin in Sachen Handarbeit war, hatte sie für mich die schönsten und exklusivsten Muster. Das hat mir gut gefallen. Auch wurden hinter dem Esstisch und ganz früher *henescht de Waschlavur* solche bestickten Tücher aufgehangen. Ich finde, das war eine schöne Sitte und heute noch hänge ich gerne mal *e Iwwehandoch off*, Erb-

Meine Oma unterrichtete in der Schule Handarbeit, zum Beispiel das Spinnen von Schafwolle.

stücke von *mäine Jettje*. So, dann sollte ich auch so ein Tuch besticken. Man hatte uns Stoff besorgt, weiß-blau kariert. So konnten wir die »Löcher« für den Kreuzstich besser finden. Der Stoff war, wie gesagt, weiß-blau. Also mussten andere Farben her. Ich wählte rot und gelb. Ich war nicht so begabt, deshalb war das Muster, was ich da fabrizierte, auch nicht sonderlich schwer. Vor mir saß ein Mädchen, ja die konnte was. Was die auf den Stoff zauberte, davon konnte ich nur träumen.

Aber ich muss sagen, mein *Iwwehandoch* war schlicht und einfach. Mir hat *et jefalle*. Beim Häkeln von Topflappen konnte ich schon mehr punkten. *Halewe un janze Stäbje hin un här rondnerimm* (rundherum) *Mousezähntje* (Mäusezähnchen) – fertig. Auch schlicht und einfach. Naja, die meiner Tante waren viel aufwendiger, aber *fier e haas Deppe ansepacke, ham mäin och jereicht*. Ja dann gab es noch den Spruch: »Langes Fädchen, faules Mädchen.« Es wurde uns eingetrimmt, ganz akkurat zu handarbeiten für unser späteres Leben als perfekte Hausfrau. Gott sei Dank durfte ich einen Beruf erlernen und die perfekte Hausfrau kam erst an zweiter Stelle.

Später hatten wir auch Sportunterricht. In einer Klasse lagen ein paar Matten, darauf lernten wir *Kabutzelbaam* (Purzelbaum), Handstand *un et Rad schloon*. Im Schulhof machten wir Freiübungen. *Arme hu, Arme runne, no lenks un no rääs schwenke, becke un strecke*. Wir konnten auch Völkerball spielen, das habe ich sehr gerne gemacht. Im Winter hatten wir aber keinen Platz *off em Schullehoef*, dann wurden Kohlen, Brikett und Holz geliefert. *De janze Hoef voll*. Das mussten dann die großen und mittelgroßen Jungen *en de Kollekalle schleppe!* Man kann sich vorstellen, wie die Kinder danach ausgesehen haben, *janz schwatz*. Und das ohne Badezimmer mit warmem Wasser und Waschmaschine mit Schnellwaschgang.

Einmal, als Holz im Schulhof lag, turnten die Kleinen *off däm Holzhuppe erim*. Das war verboten. Auf einmal ein Schrei, mein Bruder war auf einen Holzklotz gefallen und hatte sich das Knie aufgeschlagen. Es war eine große Platzwunde. *Owei, bat nou?* Zwei große Jungen brachten meinen Bruder nach Hause, ich im Schlepptau. Der Lehrer hatte schon einen Doktor in Esch angerufen. Ich weiß nicht, von welchem Telefon. Viele gab es nicht im Dorf. Der kam auch schnell. Dr. Meyer zu Schlochtern besah sich die Wunde, stellte meinen Bruder auf den Tisch und nähte das Loch bei vollem Bewusstsein zu. Mein Bruder war kreidebleich, genau wie Mama und ich. *Grusse Junge häilen net, me bäist sech off de Zänn.* So viel zur Betäubung. Stolz erzählte ich das nachher in der Schule und alle hatten mächtig Respekt vor so einem tapferen Kerl.

Viele Kinder blieben in der Dorfschule *bess se ous de Schul koomen.* Manche Kinder hatten einen langen Schulweg. Eine Klassenkameradin wohnte auf einer Mühle an der Elz. Morgens brachte die Mutter sie an die Bushaltestelle *(et woa e goot Steck)* und mittags fuhr sie mit *em Possauto wiede erunne* und wurde abgeholt. Andere kamen vom Lehnholz und andere von *de Koul.* Im Winter war das nicht so einfach. Die Kinder die von *de Koul* kamen, mussten sich den Weg erst freischaufeln. Es gab keine Räumfahrzeuge, die Kinder mussten selbst räumen!!! Wenn sie dann klitschenaas in der Schule ankamen, mussten sie sehen, *dat se widde träisch joofen.* Die Kinder, die Verwandte im Dorf hatten, konnten sich wenigstens *imstroppe.* Im Winter kamen sie mit dem Schlitten und später, im Sommer, mit dem Fahrrad. Aber eines hatten wir alle gemeinsam, wir waren gut zu Fuß. Auch später wurde noch *se Foos jange.* Ein Mann, der Werner, ein guter Fußballer hat mir erzählt: »Wenn ein Spiel anstand, trafen sich die Spieler im Dorf *(schun em Trikot)* und liefen *off de Sportplatz.* Das war das Aufwärmtraining. Zwei Fliegen mit einer Klappe, *de Junge wooren fit u kunnten jeräckt lossläje. Wor et Spiel erimm, joong et em Laufschritt widde haam.«*

Heute können die Kinder nicht mehr zu Fuß zur Schule gehen. Gut, die Schule ist nicht mehr mitten im Dorf nur ein Stückchen weiter und der Weg bis dort hin ist sehr gefährlich. Also werden sie am besten einzeln in die Schule gekarrt und auch einzeln wieder abgeholt. Für die Kinder gibt es keine Freunde, mit denen sie zusammen auf dem Schulweg sind. Sie können keine Pläne machen, was am Nachmittag so »ansteht«. Eigentlich schade. Wir hätten es sehr vermisst, wenn der *aan odde der aane*, nicht irgendwo auf dem Schulweg auf uns gewartet und gerufen hätte: *»Ähj, bat maachen mir hout Nommedaach?«*

Muttertag

Ja, auch als ich klein war, gab es schon den Muttertag. Natürlich nicht mit so einem *Bohai* wie heute. Wir müssen Mama heute verwöhnen. Ganz leise aufstehen, den Tisch zum Frühstück schön decken, mit einem Blumenstrauß nicht aus *em Bloomeladde na aus em Goate* (Garten). *Kaffi un Aije koche.* Mama soll den ganzen Tag nix schaffen. Sie soll sich von uns verwöhnen lassen. Wir machen ihr heute mal einen schönen Muttertag. Aber wie soll man Mama ersetzen? Ehe wir mit unseren Planungen fertig sind, ist sie schon im Stall, die Kühe müssen gemolken werden, Muttertag hin oder her. Natürlich hat sie auch schon Feuer gemacht *un Wasse offjestallt.* Wir hatten doch glatt die Kühe ganz vergessen. Mit dem Melken war das ja so eine Sache. Ich sollte es auch einmal lernen. Also, *Maleksteeltje* (Melkstühlchen) *unescht de Koh un zehje.* Irgendwie hat es bei mir nicht funktioniert. Der Eimer war weder ganz, noch halb voll. Mama hatte viel Geduld mit mir, aber ich glaube, es lag einfach an der Kuh. Sie wollte sich von mir nicht melken lassen. Ich habe es noch ein paar mal versucht, aber die Kuh weigerte sich. (Die andere auch, wir hatten zwei). Später hatte mein Onkel eine elektrische Melkmaschine und meine Cousine wusste genau, wie man sie bediente. Ich glaube mit so einem Ding, hätte ich auch die Milch aus der störrischen Kuh bekommen.

Ja, dann hatte Mama schon zwei Aufgaben erledigt, an die wir nicht gedacht hatten. Aber jetzt Kaffee kochen. Die Kaffeemühle war natürlich nicht elektrisch, also Handarbeit. *Kaffi malle dat Pollewe en de Kann, färtesch. Geroch hat et schun goot.* Mama war sehr »überrascht«, dass wir das alles so schön gemacht haben. Mama soll sich heute ausruhen. *Jo, de Bätte woren noch flott jemach,* aber Mittagessen kochen? Für meine Brüder war die Sache erledigt. Kochen war Frauensache, also meine. *Krompere schelle un Jemess fähje kunn esch goot. »Maach de Schelle net su deck.«* Es gab keine Sparschäler, *äwe de Wutze woaren fruh met den decke Schelle.* Beim Braten musste Mama einspringen. Wenigstens den Mittagstisch *(met de wäisse Dechdeck, de Mama dann widde wäsche durft)* decken, abräumen *un et Jescheer speele kunnten mir widde*. Dann durfte Mama sich wieder ausruhen, *bess Nommedaachs. De Kooche hat se jo schun am Daach vierhär jeback.* Abends waren wir froh, dass wir alles so gut hinbekommen haben. Ich glaube, Abendbrot gehörte nicht mehr zum Muttertag, weil Mama wieder das Zepter übernommen hatte. Wir waren auch rechtschaffend müde. Eine Sache aber hat Mama immer sehr gefreut. Mein Vater ging jedes Jahr an Muttertag *henescht et Hous* und sie bekam einen großen schönen Blumenstrauß. Alles was der Feldrand hergab. *Wesch* (Beifuss), *Jenstere, Kieschebleede, Breenhässele* (Brennessel), Flieder, egal, der Strauß war immer etwas Besonderes.

Einmal wollte ich Mama eine Arbeit abnehmen und sie mit einem Kuchen überraschen. Meine Cousine Rita kam und wir beide backten jede *e Beddembje* (Tortenboden). Alles streng geheim. Mama war nicht zu Hause, also hatten wir freie Bahn. Alles klappte ganz vorzüglich. Rita machte sich mit ihrem Kuchen auf den Heimweg. Ich wollte *dat Beddembje vestäache* (verstecken), aber oh Schreck, *ich stolperte de Owwenoffetrapp eroff un mäine Kooche woa en dräi Daal.* Als Mama nach Hause kam, fragte sie als erstes: »*Haste Kooche jeback?*« Da hatte mich doch der Geruch verraten. Ich saß auf der Treppe und weinte. Mama wusste sofort Rat. »*Dat es doch net su schlemm, mir maachen jetzt Appelkombott droff un lossen et us goot schmacke.*« Das war schön und der Kuchen schmeckte sehr gut, nur dass wir keine Stücke mehr zu schneiden brauchten, *e woa jo kabott.*

Ich erlebte noch viele schöne Muttertage mit vollem Einsatz von uns Kindern. Später, als ich selbst Mutter war, habe ich den Tag für mich abgeschafft. Zwar freute ich mich über ein selbst gemaltes Bild aus dem Kindergarten, aber als es hieß, wir müssen Mama etwas Schönes von unserem Taschengeld kaufen, möglichst Pralinen, Blumen oder einen Kuchen in Herzform, war das Thema erledigt.

Auf einmal war nichts großartig genug. Frühstück natürlich außer Haus. Mittagessen in einem schicken, übervollen Lokal, obendrauf einen Ausflug in einen schönen Park. Mamas werden beschenkt mit irgendwas, wo »Der lieben Mama« draufsteht. Die Blumen, es müssen natürlich Rosen sein. Am besten alles in Rosa, wie bei einem Kindergeburtstag von kleinen Mädchen. (So will es die Werbung). Wobei ich es für kleine Mädchen sehr schön finde. Den Kindern ist es langweilig, die Väter möchten zum Fußballplatz und die Mama denkt, wie schön ist es doch Sonntagsmorgens zu Hause. Gemütliches Frühstück, mein Mann und ich. Die Kinder schlafen noch *un rennen mir net en de Fees erimm*. Aber alle haben es ja gut gemeint. Heute habe ich Muttertag immer dann, wenn meine Kinder nach Hause kommen. Dann bin ich gefragt und das freut mich sehr. Dann heißt es, Mama hinten und vorne. Und es ist doch viel schöner etwas zu erzählen oder laute Musik zuhören als irgendwo rumzusitzen und so tun, als gäbe es nur diesen einen Tag, wo man Mama *ästemeere mooss*. Es ist doch schön, wenn sie gerne zuhause sind und ich etwas geben kann. Das gefällt mir viel besser. Ich will nicht bespielt werden und auch keine rosa Blumensträuße.

Vatertag war etwas ganz anderes. Mein Vater bekam von uns ein liebevoll verpacktes Päckchen Overstolz (Zigaretten). Das war's. Schließlich war Christi Himmelfahrt. Da hatte die Kirche wieder ein Wörtchen mitzureden. Heute ist Christi Himmelfahrt »Vatertag«. Dann geht es ab mit dem Bollerwagen über Land. Die »Väter«, egal ob mit oder ohne Nachwuchs, sind mit lustigen Hütchen und noch lustigeren Sprüchen auf den T-Shirts morgens schon unterwegs. Ich habe mal so einen Spruch gelesen: »Nüchtern betrachtet war besoffen alles besser.« Ja, das war lustig.

Aber ein bisschen Freiheit steht den Männern an Vatertag auch zu, zumal sie an Muttertag alles gegeben haben.

Schrubben mit der Wurzelbürste

Als es im Dorf noch alles gab, was man brauchte, gab es auch Sachen, die es noch gar nicht gab. Also, was man noch gar nicht so kannte. Nein, ich rede nicht vom 18. Jahrhundert, ich rede von vor circa 60 Jahren. Welches Haus hatte eine Heizung? *De Kollehäad* und später der Ölofen sorgten für Wärme. Viel später hatte meine Mama einen Gasherd. Die Gasflasche war natürlich immer grad leer, wenn man den Inhalt nicht im Auge hatte. Meistens, wenn Mama *eppes am anbroode woa.* Dann ging's aber schnell *'mem Laatewentje* (Leiterwagen) *bäi Schmitt-Toni. Do kunn me och hennerim john un kroch ous säine Nut jeholef. De Brigetz* (Union-Brikett) *koomen von de Räiffäise-Kass.* Man bestellte sie und prompt wurden *se aanem en de Hoef jeschott. Dann de Kalleschorp off* (Kellerloch mit Deckel) *un eren demet.* Es gab keine Waschmaschine und keine Schleuder. *De Wäsch wur met Käarsaaf ode Gallseife* eingeweicht. Persil und Ariel gab es noch nicht und auch keine Weichspüler. Sachen, die man heute dringend benötigt. Es gab keine Fleckentferner. *Et wur su lang jeschruppt met de Woezelsbuscht, bes dat de Flacke foot woren. Jebotzt joof met Schmeersaaf.* Es gab auch keine Schuhcreme, *et joof Schohwex. Broun un Schwatz.* Später gab es Deckweiß. Deckweiß war für Brautschuhe, ich weiß nicht, womit man die früher geputzt hat. *De Schohwex joow met em Lappe droffjeschmeert, dann met de Buscht jewienert, noch e bessje droff jespexst* (gespuckt) und die Schuhe waren blitzeblank *un hann jeglänzt.*

Wir, und viele im Dorf hatten ein Radio. Das war toll. Man hörte Nachrichten, aber wenn eine »wichtige Person« gestorben war, *schwär Mussik* (klassische Musik). Es gab noch keine Kofferradios, man konnte sich auch nicht in ein anderes Zimmer verziehen. Also klebten alle vor dem Radio *en de Stuff.* Waren die Nachrichten rum, wurde das Gerät ausgemacht. Nur nicht an Fastnacht, ihr wisst ja, dann hörte sich mein Vater die Büttenreden und Fastnachtslieder an. Oh je, das war schlimm für uns Kinder. Wir mussten *muxmäisje stell säin, dat e jo nix vepasst.* Natürlich gab es immer noch nicht in jedem Haus einen Fernseher. Als die ersten Familien so einen schweren braunen Kasten hatten, hatten sie immer »viel Besuch«. Die Bilder waren schwarz-weiß und es gab nur ein Programm. ZDF war noch nicht erfunden. Die Lieblingssendung meines Vaters war »Ein Platz für Tiere« von Professor *Schimeck* (Grzimek). Dann zogen wir mit meinem Vater und zwei Stühlen *off de anne Säit bäi de Tant Troutje un hann Fernseh jekuckt.* Um 9 Uhr war der Traum vorbei *un dräi Woche späde säin me widde jezurre.*

Bei einer Freundin von mir, die später auch *e Fernseh* hatten, durften *mir Eiskunstlaufen kucke.* Das war aufregend wenn Marika Kilius und Hans-Jürgen Bäumler über das Eis glitten. Wenn Marika mit der Hochschlagfrisur bei der »Todesspirale« *hennerex* (hinterrücks) *bess off de Boddem kohm, waren wir janz ous em Häisje: »Haste jesehn, et Marika hat Äis off de Hoar«.* Die beiden waren unser Traumpaar. Es gab dann noch *de Oleg un et Ludmilla Protopopow.* Die waren auch sehr gut, aber nix gegen *»oos«.*

Es gab auch lange nicht in jedem Haus ein Telefon. Bei meiner Tante im Laden hing *su en schwatze Kaste.* Auch mein Opa hatte später eins. Mein Opa hatte seinen Standort der Mühle, vom *»Berg« en de »Näistadt«* verlegt. Dort hatte er sein eigenes Büro. Natürlich hatte auch *de Schäffe aant.* Schließlich mussten wichtige Sachen übermittelt werden, die dann von *Schoste-Fränz ausjeschällt wuren.*

Die Straßen waren noch nicht geteert, *se woaren fastgefoha* (festgefahren). Auch die Kanalisation kam erst später. Im Winter hatte man *e Kesseltje* damit wurde der Schnee *ous em Hoef jezurre.* Ich weiß wie *e Kesseltje* aussieht, aber nicht wie *dat Dinge* auf Hochdeutsch heißt. Heute wird der Schnee ja *jeschoufelt, domols jow e jezurre.* Ansonsten kam *de Räisebässem* (Reisigbesen) zum Einsatz. Der Besen wurde aus Birkenreiser hergestellt. Im *en Still* (Stiel) wurden die Reiser gewickelt und mit *Droht fastjebunne.* Mein Onkel Franz konnte das sehr gut und hat auch später noch *vill Bässeme jebunne.* Es kamen aber auch *Bässemsmäche* in die Dörfer. Die hatten sich darauf spezialisiert und verdienten sich *e poa Mark. Woa de Bässem aafgekeht, hann de Läit jelouet, dat der Mann kimmt.* (Sie haben auf den Besenbinder gewartet.)

Meine Nachbarin erzählt immer wie es *off de Aal Stroos* (heute Trierer Straße) ausgesehen hat. Jeder hat da seinen Müll abgeladen. Natürlich nicht so einen Müll wie heute. Dort lagen *aale Deppere, Staan, Brädde un alles bat de Läit net mie jebroucht hann.* Was heute weggeworfen wird ist damit nicht zu vergleichen. Heute nennt man das Sonder- oder Restmüll. Plastik wo man hinschaut. Für alles haben wir Mülltonnen, wir trennen was das Zeug herhält. Für Grünschnitt haben wir zusätzlich eine Abladestelle. Aber trotzdem, Ölkanister liegen im Wald, die Straßengräben sind voll Flaschen, sogar Pfandflaschen werden überall »entsorgt«. Im Moment, auch das ist mir unverständlich, liegen überall, wirklich überall gebrauchte Masken. Ich verstehe das nicht. In meiner Kindheit gab es keine Plastikflut. Es gab keine Frischhalte-, keine Alufolie und kein Backpapier. Man brauchte keine Gefrier-

Mille-Opa beim Sonntagsspaziergang en de Lenn.

beutel mit Clipverschluss. Man hatte ja keine Kühltruhe und keinen Eisschrank. *E staanene Deppe, en Deckel owwedroff woa och goot.* Es gab auch keine Mikrowelle und keinen Toaster. Also gab es auch kein Toastbrot. Was es gab, war ein Waffeleisen. Das Ding war genial *an de Kollehäad anjepasst.* Man holte einen Ring (es gab zwei) aus der Ofenplatte, stellte das Waffeleisen drauf, den inneren Teil konnte man drehen und machte so wunderbare Waffeln. *De met Schelee un Sahne jäass.* Hmmm. Alles was elektrisch war, kam später. Also die Geräte. Licht war in jedem Haus. Das Licht wurde nicht *ausgeknipst* es wurde ausgedreht. So kleine schwarze runde Dinger mit einem Knopf. Diesen Schalter habe ich heute noch im Haus und höre gerne das Klacken wenn ich an dem Schalter drehe. Man ging mit allem sparsam um. Das Licht wurde erst angemacht, wenn es fast dunkel war.

Heute gibt es im ganzen Haus Steckdosen. Man braucht sie auch. Ohne Strom können wir uns das Leben nicht mehr vorstellen. Überall hängen auch die Aufladekabel für unsere Handys an der Steckdose. Handys gab es auch nicht, auch keine Kopfhörer, so kleine weiße Dinger für die Ohren. Man konnte sich unterhalten und hatte nicht ständig jemanden vor der Nase, der in sein Handy glotzt. Mit heute ist das alles nicht mehr zu vergleichen. Jedes Kind weiß mit einem Smartphone umzugehen. Jedes Kind kennt Netflix, den Sender mit den neuesten Serien und Filmen. Die Kinder wissen, was man damit alles machen kann. Fotos, Videos, Spiele spielen, Musik hören und Nachrichten twittern. Tabletts brauchen die Kinder schon in der Schule.

Heute habe ich natürlich auch so ein Smartphone. Manchmal juckt es mich in den Fingern, wenn ich irgendwo bin und jeder schaut in so ein Gerät, dass ich das auch tue. Aber ich reiße mich zusammen und guck mir lieber die Leute an, die ganz aufgeregt tippen und ganz wichtige Nachrichten in die Welt jagen. Mir gefällt das nicht so gut, aber es ist eine andere Zeit und nichts ist mehr so wie es war. Fast nichts. Es wird sich wieder besonnen und die »Gute alte Zeit« hochleben lassen. Ich möchte die Zeit nicht missen, will aber auch nicht dumm dastehen. Wenn ich mir heute von meinen Kindern etwas erklären lasse, ist das in Ordnung. Genauso wie wenn sie mich fragen und ich ihnen etwas aus meiner Zeit erzählen kann. Was allerdings große Vorstellungskraft braucht. Oder meint ihr, es wäre nachvollziehbar, wenn man erzählt, wie es ohne Farbfernseher war, ohne die superleichten Flachbildschirme, die eine ganze Wand bedecken. Oder ein Telefon, das irgendwo im Dorf fest installiert mit Wählscheibe an einer Wand hängt.

Das alles kann sich keiner mehr vorstellen, es sei denn er ist in meinem Alter und hat das alles hautnah miterlebt.

Fronleichnam

Im Juni gab es einen hohen kirchlichen Feiertag: Fronleichnam. Das war wieder ein Erlebnis fürs Dorf. In alle vier Himmelsrichtungen wurden Altäre aufgestellt. Die Vorbereitungen liefen auf Hochtouren. Schließlich musste je ein Gestell *fir de Aldoa ofjebout wäre*. Das war Arbeit für die Junggesellen. Jeder wollte den schönsten Altar bauen. Die »Jungfrauen« waren für den Blumenschmuck und den Teppich zuständig. Das war vielleicht aufwendig. Zuerst wurde ein Plan gemacht, welches Motiv nehmen wir? Alle waren sehr wichtig. Wir Mädchen wurden losgeschickt, mit Körben bewaffnet, *Jenstere stroppe*. Die leuchtend gelben Blüten des Ginsters waren ein »Muss« bei jedem *Täbbich. Lupine och. Magritte-Bloome jofen de Käpp aafjeress.*

In Begleitung einer »Teppich-Chefin« mussten wir an *de Fichtele* die jungen hellgrünen Spitzen abschneiden. Waren die Körbe voll, brachten wir unsere Ausbeute voller Stolz an *oose Aldoa*. Dort wurden die Blüten fachgerecht begutachtet und am *Froläichnamsmorje* zu einem bunten Teppich verarbeitet. Über Nacht lagerten die Blüten in einem dunklen Keller *dat jo nix dran koom*. Morgens ganz früh ging's los. Alles wurde für das große Fest vorbereitet. Die Straßen und Häuser, *bo de Prossesjon vorbäi joong*, wurden herausgeputzt.

Im Vorfeld duften wir Mädchen noch die Schätze aus der Kirche putzen. Große Kerzenständer, kleine Kerzenständer, Lämpchen und Lampen sollten auf Hochglanz gebracht werden. Die Kandelaber wurden in den Hof von »Breitbachs« gebracht, und wir mussten *met Selewelappere* (Silbertuch) *un Sidol die Schätze wienern*. Natürlich auch wieder unter professioneller Aufsicht. *An dat annere Jedenz, de Monstranz un de joldejenene* (goldene) Kelche durften *mir net e ran, dat woa* wieder Chefinnen-Sache. Wir waren so stolz *un schwär wichtisch* und freuten uns über jedes Lob.

Meterlange Girlanden wurden gewickelt und mit Bändern verziert. Für die Häuser wurden *Bugetts aus Fichtele un Lupi-*

Bei den Fronleichnamsprozessionen war das ganze Dorf in vollem Staat off Tour.

ne jebunne. Das heißt jedes Haus wurde geschmückt, *do bo de Prossesjon jong.* An den Höfen und entlang der Mauern steckte man Sträucher von Buchen zwischen die Pflastersteine. Wer *schun en Bulldog* hatte, versorgte *de janze Nopeschaft met Räisesch.* Die Straßen waren sauber gekehrt. Wir *em Munerejewääch* (Monrealerweg) schauten sorgenvoll *im de Eck: »Hoffendlech moss de Mattes net noch aas met de Keeh erous, de beflätteren doch imme alles.«* Später wurde das mit den Sträuchern wieder abgeschafft. Das war viel zu aufwendig und lästig. Zuerst *en de Besch Hecke holle* und dann wieder schnell entsorgen, sobald die Prozession vorbei war. Jetzt hatte man meterweise kleine Fähnchen und die taten es dann auch. Schließlich hatte man einen freien Tag und wollte noch etwas davon haben. *Also flott de Fähntje sesomme raffe un schun wor de Herrlichkeit vorbäi.* Die Freunde warteten schon, wir machten eine Wanderung und dann wurde gegrillt.

Aber früher, wenn der große Tag da war, wurden die Kirchenfahnen (es gibt auch weltliche) *erousjehange.* In die Fenster wurden kleine *Maialdäaschje* gestellt. Viele bauten auch an der Straße oder im Hof einen Altar. Das hat mir immer gut gefallen und wenn meine Seite dran ist, baue ich jedesmal mein *Aldäarschje* mit Muttergottes-Figur, vielen Blumen *un em Täbbich* in meinen Hof. Die jungen Leute, die für die Altäre zuständig waren, hatten morgens immer alle Hände voll zu tun. Hinter den Altären wurden große Fichten aufgestellt und mit Fahnen geschmückt. Der Teppich wurde mit den Blumenblüten fertig gelegt. Auf den Altären brannten Kerzen in den glänzenden Kerzenständern (Leihgabe *von de Kerech*). Alles war festlich hergerichtet. *Zwischdurch imme mohl »spintze«* (heimlich gucken) *joon, bat de annere hann. Dann huttisch haam, sunnes andoon fir en de Kerech* (schnell nach Hause anders anziehen). Von dort startete die Prozession. Streng nach Anordnung. Aus Urmersbach waren die Schützen am Start, sie trugen den »Himmel« (Baldachin). Der Pastor in einem prächtigen goldbestickten Umhang trug die Monstranz mit dem »Leib Christi« eben unter diesem Himmel. Davor die kleinen Mädchen mit Blumenkörbchen. Als ich noch klein war und nicht in die »Arbeiten am Aldoa« eingebunden war, war ich auch ein Blumenmädchen. Mein Körbchen war weiß mit rosa Bändchen. Das hatte Mama mir mit »Toetsche Blädde« (Pfingstrosenblätter) gefüllt, die ich dann auf den Weg streuen sollte. Mein neues *Klaidje*, welches ich Kirmes bekommen hatte, war genau richtig auch für diesen Anlass. (rosafarben *met Flutteschje*). Dann noch *e rosa Schleifje en de Hooa* und ganz wichtig, durfte ich vor dem Himmel herlaufen. Ganz viele Kinder waren die Vorboten. Neben dem Himmel, rechts und links, die Kommunionkinder in voller Montur, sie trugen die Girlanden. Das war ein wunderschönes Bild. Dann kam *de Kerchechor, de Jungfraue, de Jungmänne, de Fraue un de Männe.* Alle waren festlich gekleidet. Eine Blaskapelle spielte, *Brecks Ludwich, Oanze Herbert, Schoste Heinz, de Eberharts Willi un de Egon,* mehr weiß ich nicht, hatten sich zusammengefunden und für den Anlass schöne Lieder eingeübt. Später nahm man das mit der Rangordnung nicht mehr so genau, *do durften se all durchenanne joon.* Während der Prozession wurde sich nicht unterhalten, es wurde gesungen und gebetet. Wenn doch, *woa de Pasdur widdewätesch un et wur jezischt: »Halt et Moul mir säin häi net fir se schwätze, halt Andacht.«* Der Chor stimmte ein Lied an *un de Läid säin enjefalle.* An jedem Altar wurde Rast gemacht und ein Segen erteilt. Die *»Täbbich-Chefine«* waren immer ganz besorgt: *»Hoffenlech latscht de Pasdur net mettendriwwe un mächt met lange Mantel net dat janze Moste kabott.«* Ein Aufatmen, wenn *en an de Säit jange es.* Auf der anderen Seite, warum sollte *de Pasdur net metten driwwe joon met däm Leib Christi. Fir denn woa dat doch.* Ach ja, nach der Kirche rannten die Leute, die schon einen Fotoapparat hatten, *de Täbbich knipse, dat me se imme widde kucke kunn.*

Wenn alle Altäre besucht waren, ging's wieder in die Kirche zum Schlusssegen. Da wurde dann aus voller Kehle »Großer Gott wir loben dich« gesungen. Die Orgel spielte *un all Glocke han se haaf jelout.* (Alle Glocken haben gleichzeitig geläutet). Ich bekomme heute noch eine Gänsehaut, wenn ich daran denke und oft konnte ich nicht mitsingen, weil ich so gerührt war, *dat mir de Hals zojange es*. Es war jedes Jahr ein wunderschönes Fest, das ich heute vermisse. Aber heutzutage sieht man das alles ganz anders. Die Rede ist von einem superlangen Wochenende. Die Wander- oder Fahrradroute wird geplant, Grillgut besorgt und um gutes Wetter gebetet. Gebetet?? – *Me kuckt en de Wetter-App, et säit goot ous.* Und wer denkt dann noch an Fronleichnam?

Meine zwei Brüder im Staat! Alle Sachen in Handarbeit hergestellt. Die Hosen un Himpje hat Mama genäht, die Pullover gestrickt. Auch mein Kleidchen ist Mamas Werk.

Mit dem Onkel auf Tour

Es war ja nicht so, dass wir gar nichts unternahmen, nur die Möglichkeiten waren begrenzt. Wir hatten ja keine »großen« Freunde die schon ein Auto hatten. Man konnte erst Auto fahren, wenn man den Führerschein hatte und 18 Jahre alt war (wie heute) – doch davon waren wir noch weit entfernt. Ich kann mich nicht erinnern, dass viele Autos in unserem Dorf waren. Die Leute, die von Berufswegen eins hatten, waren an einer Hand abzuzählen. Ich weiß noch, dass mein Onkel Alois eins hatte.

Es war nämlich so, dass ich mit vier Jahren ins Krankenhaus sollte. Ich hatte einen Bruch und musste operiert werden. Oh, was habe ich geweint. Wir lagen in einem großen Saal und sollten gesund werden. Mama kam mich, so oft es ging, besuchen. Wenn *ka Possauto* fuhr, brachte mein Onkel sie mit seinem Auto *no Maye*. Sie brachte mir immer etwas mit. *En Zuckewäck ode e Buddingsdaaltje.* Im Bett neben meinem lag ein Mädchen, das nie Besuch hatte. Sie bekam immer große Augen, wenn sie meinen *Zuckewäck* sah, also machte Mama *mäine halef* und so hatte jede etwas davon. Das war sehr schön, nur wenn Mama wieder ging, heulte ich. Ich war es ja nicht gewöhnt, alleine zu sein. Ohne Mama, Vater und meine zwei Brüder – der dritte *woa noch en Abrahams Wuschtekessel.* Mama hat mir später erzählt, wenn sie ging, dass sie mich *bess off de Stroos schreie jehiet hat.* Aber ich habe die vier Wochen im Krankenhaus überstanden. Dann hat mein Onkel Alois mich mit seinem Auto abgeholt. Meine Cousine sagte mir, es war ein »Opel Olympia«. Es hatte hinten auf dem »Gepäckträger« einen Ersatzreifen. Das war mal wieder etwas, das ich nie vergessen habe.

Es hat dann auch sehr lange gedauert, bis ich noch einmal mit einem Auto mitgefahren bin. Mein anderer Onkel, Albert, der Bruder meiner Mama, hatte einen Lastwagen. Einmal im Jahr fuhren Mama und ich mit ihm *no Kowwelenz et Chreskindje* bestelle. Nach Koblenz zu reisen war schon sehr umständlich und mein Onkel holte uns eben mit, er musste ja sowieso dahin. *Bis Maye joong et joo, do kunnte me mem Possauto foahre.* Aber wer fuhr schon oft irgendwo hin. Erstens fehlte die Zeit, und zweitens oft auch das Geld. Aber man hatte ja alles, was man brauchte, im Dorf. Was man nicht hatte, brauchte man ja auch nicht. Werbung, die uns sagt, was man alles haben muss, sahen wir nicht, weil es immer noch nicht viele Fernseher gab. Aber es gab doch Möglichkeiten, uns zu amüsieren. Ich denke da an manchen heißen Sommer. Wir hatten ja die Elz. Das war aber immer ein bisschen umständlich, der *wäide Wääch* (weite Weg) *runne jong jo noch . . . ewwe roff!!! De Brohlbaach joff et och, ewwe do joog aahnem et Wasse nur iwwe de Fees.* Aber ihr glaubt es nicht, schon war wieder ein Onkel zur Stelle. Onkel Josef hatte eine gute Idee, *mir fohren bess Sunnech schwimme, no Pyrmont an de Wassefall. Owei be schien.*

Wir fieberten dem Sonntag entgegen. Meine Cousinen und ich packten unsere »Badesachen« ein. *En fresch Unnebox, e näi Unnehimm fir imsestroppe un e Handooch fir aafsedräie* (zum Abtrocknen). Natürlich mussten wir an einem Sonntag fahren, wo keine Andacht und keine Christenlehre waren. War es so, dann war nix mit schwimmen. Sonntagnachmittags hat *et jelout un dann Abmarsch en de Kerech. Hat me jefäält, moosst me bäischte joon.* Die Andacht ging ja noch, die war in einer halben Stunde rum, aber *de Christenlehr*! Das war ein Frage- und Antwortspiel. *De Pasdur* stellte die Fragen und wir mussten sie beantworten. Dabei ging *de Pasdur* durch *et Mittelschiff* und kam somit seinen Schäfchen sehr nahe. Ich hatte immer ein bisschen Angst, wenn *esch dran kääm un west nix.* Auch die Christenlehre war ein Muss, es mussten alle Kinder hin. Wir waren es gewöhnt, es machte uns nichts aus, außer, wenn »Schwimmen« angesagt war. Aber es gab auch eine Möglichkeit, zu fehlen. Man musste sich beim Pastor die Erlaubnis holen. Meine Nachbarin hat mir erzählt, dass sie, als sie in »Stellung« ging, sich dafür entschuldigen musste, dass sie anderthalb Jahre nicht in die Christenlehre kommen konnte. Es hätte auch einige Anstrengung gebraucht, aus der Nähe von Frankfurt *en de Christelehr no Dineschem se kumme.* Aber der Pastor hat das verstanden. Sie und ihre gleichaltrige Freundin bekamen einen »Freibrief«.

Vielleicht hatten wir auch so einen, ich weiß es nicht. Ich weiß nur, irgendwann saßen wir *off em Woon* und unser Onkel *off em Bulldog.* Schon ging es los in Richtung Pyrmont. Unser Onkel hatte Verwandte im Pyrmonter Hof und da hieß es, alles absteigen, *Wasse ous em Beeschje* (Brunnen) *trenke.* Dann ging es weiter. Es war so schön. Meine Cousinen und ich *henne off em Woon.* Am Wasserfall war viel los, aber da wir sowieso nicht schwimmen konnten, aber so taten, hockten wir am Rand und bespritzten uns gegenseitig. Das war ein Spaß. Wenn *et an däiste woar* (fast dunkel), ging es wieder nach Hause. Da die ganze Familie sehr musikalisch war, wurde auf dem ganzen Weg gesungen. Meine Cousinen konnten sehr gut singen, *dat kinnen se hout noch.* Später kam noch ein Bruder dazu, auch der ist ein »Sänger«. Da gibt es ein Lied, was immer in dieser Familie gesungen wurde. Das

Schön ist es noch heute, das damalige »Schwimmbad« am Wasserfall bei Pyrmont.

Lied gefällt mir heute noch und wenn ich den Refrain höre denke ich an Pyrmont. *Sitta Sitta rallala, Sitta Sitta ralllala, Rudi Rudi rallala.*

Mein jüngerer Bruder hat mir erzählt, dass Onkel Josef diese »Vergnügungstouren« auch später noch gemacht hat, sehr zur Freude aller Beteiligten. *Imme met em Bulldog un imme met em janze »Hängel Kenne«.* Allerdings wurden die Touren ausgedehnt. Angesagt *woa et Holzmaar, e Schwimmbad en Auderath* und sogar nach Bad Breisig ging die Fahrt. Auch das blieb den Beteiligten unvergessen.

Aber an die andere Seite der heißen Sommer kann ich mich auch noch erinnern. Den Wassermangel. Man stelle sich vor *ous em Granne käm kaa Wasse.* Es war nicht genug Druck in der Leitung. Viele Haushalte hatten einfach kein Wasser. Hauptsächlich die Leute die »Oben« wohnten. *Oben en de* Siedlung, im Monrealerweg, lief oft kein Wasser, dann kamen die Frauen mit Eimern zu den Leuten *de en Petz* hatten und holten sich ihre Ration ab. Viele Leute hatten *en Petz* im Keller und somit Wasser. Man hatte eine Pumpe und pumpte damit das Wasser nach oben. Ich sehe heute noch eine Frau mit zwei vollen Eimern *de Munerejewäsch erroff kumme.* Sie ging immer *en de Bäilschtewäsch* (Beilsteinerweg) ihr *Wasse aafholle.* Wenn wir sie schleppen sahen, sagte mein Vater, *ab nou halleft* der Frau. So wurden wir zu Wasserträgern und machten es gerne. Es wurde sehr sparsam mit Wasser umgegangen. Diejenigen die *en Petz* hatten, halfen den Leuten aus, dort, wo das Wasser nicht ankam. Nach der Kanalisierung und dem Ausbau der Straßen waren die meisten Brunnen ausgetrocknet. Wenn heute noch einer existiert, bekommt er eine elektrische Pumpe und steht als Schmuckstück herum. Aber die eigentliche Funktion, Wasser aus der Erde zu pumpen um über die Runden zu kommen, brauchen wir nicht mehr. Mir *drähen de Granne off, un schun kimmt su viel Wasse be me bräien* (brauchen). *Sejoa* (sogar) *warmet un kaltet.*

Von meinem Opa

Aus den Familien meiner Eltern habe ich nur einen Opa gekannt, den Vater meiner Mutter. Mein Opa ist 1965 gestorben, also habe ich ihn noch gut in Erinnerung. Es war ein feiner Mann, groß und stattlich in meinen Augen. Er hatte so ein verschmitztes Lächeln und hielt sich immer ganz gerade. Heute würde ich sagen, er könnte in jeder Vorabendserie den Großvater in der Hauptrolle abgeben, aber damals? Ich hatte immer ein bisschen Respekt – *naa, janz vill* – vor ihm. Meistens kam er Sonntagsmittags bei seiner Tochter vorbei *un hat jekuckt off alles in Ordnung woa*. Er konnte ja abwechselnd seine Kinder besuchen. Außer einer wohnten ja alle in Düngenheim. Opa wohnte bei Tante Klara und ihrer Familie. Was hatte er für ein schweres Leben. Meine Oma starb als ihr jüngstes Kind gerade mal 6 Jahre alt war. Meine Mama war 12 und ihre älteste Schwester 13 Jahre alt. Meine Oma hatte eine Operation und bekam danach eine Lungenentzündung. Sie wurde nur 43 Jahre alt. So stand mein Opa mit seinen Kindern alleine da. Seine Schwester, die nicht verheiratet war, nahm sich der Kinder an. Von da an war *»de Jettje«* an Mutters Stelle. Meine Mama hat mir erzählt, das Opa in die Schule kam, die Kinder heraus geholt hat und ihnen die traurige Nachricht sagte. Es war in der Kirmeswoche und da es Brauch war, mussten alle schwarze Kleider tragen, auch die kleinen Mädchen. Mama hat erzählt das *»Kostesch Ammi«*, die Schneiderin war, drei Tage und auch Nächte durchgenäht hätte, damit die Kleider fertig wurden.

Ich habe einmal gefragt, ob sie sonst noch eine Erinnerung an ihre Mutter hatte. Es kam ein Pferdefuhrwerk *de Munnerejewääch erunne* mit dem Sarg von meiner Oma. Sie wurde bis an die Straße am Wasserrad, heute Kinderheim, gefahren und dann auf dem Pferdewagen nach Hause gebracht. Was für eine traurige Geschichte. Die Kinder haben diesen Anblick nie vergessen.

Mein Opa versuchte es allen gerecht zu machen. Mama wollte gerne Schneiderin lernen, sie hätte auch das Talent dazu gehabt, aber nur eine durfte ein Handwerk lernen und das war die Jüngste der Schwestern. Als sie alt genug waren, mussten die »Großen« in der Backstube mit anpacken und dort den Laden schmeißen. Mein Onkel, der einzige Junge der Familie wurde später Nachfolger meines Opas *en de Mill*. Opa passte immer gut auf *säin Fraläit off*. Auch später noch, als mein Vater im gestandenen Alter von 41 Jahren *fräie koom*, bestand mein Opa noch auf »Etikette« und schickte meinen Vater prompt nach Hause, falls *eppes passere dät*.

Opas erste Enkelkinder. Vier Mädje un ane Jung.

Nur mal kurz dazu gesagt, mein Vater kam erst 1948 aus Gefangenschaft, hatte also viel gesehen und erlebt und Mama war auch kein kleines Mädchen mehr. Aber das hat Opa nicht interessiert. Er war der Herr im Haus *un de Chef von denne Kenne*. All die Jahre hatten die Schwestern und später die Schwägerin immer ein gutes Verhältnis. Der Altersunterschied war ja nicht groß, 1917, 1918, 1919, 1920, 1923, *(de Jung)* und 1925.

So, dann durfte die »Kleine« Schneiderin werden. Sie bekam eine Lehrstelle in Mayen. Aber wie kam man in der Zeit nach Mayen? *Jo mem Zuch von Ormeschbaach un be koom me no Ormeschbaach, jo se Foos.* Mama hat mir erzählt, dass Opa am Anfang immer ein Stück mit ihr ging. Später aber mussten mehrere Leute *off de Zuch un em »Hängel«* (mit vielen) *woa dat Kend seche.* Im Winter fuhr *de Pasdur* mit einem Schlitten *en de Frehmess,* da durfte meine Tante dann oft mitfahren. *Met em Pasdur kunn jo nix passere.* Mama durfte dann doch noch »außer Haus«. Sie ging nach Godesberg und lern-

Mein Opa mit seiner Bagage. Fünf Mädchen, ahne Stammhalter.

te dort, was sie noch nicht konnte. Allerdings hatte *de Jetje* den Mädchen schon sehr viel beigebracht. Alle waren sehr selbstständig. Wenn ich mir die alten Fotos anschaue, denke ich immer: *Bat fier schiene Mädje!*

Es war bestimmt keine einfache Zeit. Mein Opa hat nie mehr geheiratet und mit seiner Schwester und seiner Mutter hat er die ganze Familie zusammengehalten. Soviel ich weiß, wurde meine Uroma über 80 Jahre alt – ich habe noch ein Foto von dem Geburtstag – was damals noch nicht so ganz üblich war. Sie hat ihre Schwiegertochter um einiges überlebt.

Mein Opa kam auch aus einer großen Familie mit vielen Brüdern und Schwestern. Der eine Onkel, Onkel Anton, wohnte in Kaisersesch und kam auch im hohen Alter noch seinen Bruder und später eine seiner Töchter besuchen. Immer mit dem Fahrrad. Der andere Onkel, der mit der Kleiderfabrik in Köln, kam auch oft zu Besuch. *Off de Mill woa imme eppes loss.* Da war da noch ein Onkel aus der »Stadt«, der kam auch immer mit seiner Familie, meistens *im de Kermes erim.* Dann wurde alles aufgetischt, was Küche und Keller hergab. Die Tanten haben immer erzählt, wenn die Portionen kleiner wurden, war das ein Wink mit dem Zaunpfahl: *So, jetz mooste widde haamfohre, et reicht net mie fier all!* Später mussten wir immer darüber lachen, wenn diese Geschichte erzählt wurde und haben uns köstlich amüsiert. So elegant kann man auch jemanden ausladen, zumal Opa nie mit seiner ganzen Sippschaft, zu einem Gegenbesuch eingeladen wurde. Opa hat all seine Kinder aufwachsen sehen. Alle haben Familien gegründet und er hatte eine große Enkelschar – 19 an der Zahl.

An eine Sache kann ich mich noch gut erinnern: Opa hat in seinem Garten ganz viele Apfelbäume gepflanzt. Sehr, sehr leckere »Augustäppel«. Oft haben Kinder aus der Nachbarschaft die süßen hellgrünen Äpfelchen *stibitzt.* Aber es waren genug für alle da.

Später, als Opa nicht mehr da war, trafen sich alle, wenn eine Feier anstand, oder einfach nur so. Es war immer so schön. Die ganzen Onkels und Tanten alle zusammen, was hatten die für einen Spaß. Es gab immer so viel zu erzählen. Es war eine große Familie mit vielen Kleinen, die zusammenpassten.

Meine Mama und meine Tanten waren sehr unternehmungslustig. Auf keiner Kappensitzung und keinem *Möhnedunechdesch hann se jefählt. De Eifelverein jong net ohne se. Se hann Koche jeback un Wischtje vekaaft.* Kaffeefahrten und Urlaubsreisen wurden unternommen. Da mein Bruder in der Schweiz wohnt, hatte Mama immer ein Reiseziel und ganz oft eine Schwester im Schlepptau.

Aber wenn vier davon später *met em Käaschje* (Rollator) zum Seniorenkaffee *in de Hall koome,* und jede steif und fest behauptete, *dat es mäint, na, dat es mäint,* musste ich immer lachen, dabei sahen sie alle gleich aus. *Jo, se woren imme mettendren, de Mille Fraläid.*

Erholung auf der Insel Sylt

Irgendwann beschlossen unsere Eltern, meinem Bruder und mir etwas Gutes zu tun. Wir zwei sollten in Erholung fahren. Oje, das war mal wieder so was, und außerdem war es modern. Zuerst waren wir natürlich Feuer und Flamme. Also fuhr Mama mit uns nach Cochem und meldete uns »Erholungsbedürftig«. Der Antrag wurde bearbeitet und nach kurzer Zeit kam eine sehr nette Tante von der Caritas vorbei und brachte die frohe Botschaft. Sechs Wochen Erholung auf der Insel Sylt. Sechs Wochen, *owei, sooo* eine lange Zeit waren wir noch nie von zu Hause weg. Ihr wisst ja, nach zwei Tagen *off de Leiekoul* hatten wir ja schon Heimweh. Aber jetzt sollte es »ernst« werden. Wir hatten gar nicht *su vill fier ansedoon.*

Aber Mama wurde gesagt, man würde uns da nicht *drakesch e rimm laafe losse,* die Sachen würden gewaschen. Deshalb, damit man sie auch wieder erkennt, musste Mama in jedes Teil ein Namensschildchen einnähen. Die konnte man drucken lassen und ab sofort hatten *oos Pullowere, oos Unnewäsch, de Sackdeche un de Stremp,* eigentlich jedes Teil was wir im Koffer hatten, unsere Namen. Viele Abende hat Mama die kleinen Stoffstreifen in unsere Sachen eingenäht. Es musste ja alles doppelt sein, wir fuhren ja *zezweit.* Irgendwann war es dann so weit. Wir wurden *en Kowwelenz en de Zuch jesatt* und los ging die lange Fahrt.

Wir waren nicht allein in den Abteilen, nein, aus dem ganzen Kreis Cochem kamen die »Erholungsbedürftigen«. Eigentlich machte keiner ein frohes Gesicht. Es war für alle alles neu. Wir waren unerfahren *un schwär bang.* Gut, ich war ja nicht allein, ich hatte meinen Bruder dabei. Die Fahrt dauerte ziemlich lange, schließlich mussten wir ja ans Meer. Viel weiß ich nicht mehr davon, nur, auf einmal fuhr der Zug *metten durch et Wasse.* Oh, das war mal wieder was, wir klebten an den Fensterscheiben und staunten. Man fuhr einfach übers Wasser, rechts und links Wasser *un de Zuch mettendrenn.* (Hindenburgdamm). Ich werde diesen Anblick niemals vergessen. So, nach der »Landung« ging es ab nach Westerland zu unserem Quartier. Zwei riesengroße Gebäude *un dozweschen en Hoef*. Dann der erste Schock, wir wurden getrennt. Die Mädchen kamen nach rechts, die Jungen nach links in die Häuser. Waren wir bis jetzt immer irgendwie zusammen gewesen, wurde mir mein Bruder einfach *aafjehollt*. Na ja, viel Zeit zum Nachdenken blieb uns nicht, schließlich *moosten mir jo och vejaddet jenn* (versorgt werden). Es wurde uns aber sofort gesagt, wenn ihr eure Brüder oder Freunde sehen wollt, könnt ihr sie jeden Tag für ein- zwei Stunden treffen. *Dat woa jo schun emol goot.*

Es waren große Räume, in die wir gebracht wurden. Schlafsäle *met Äisebätte* (Eisenbetten), ganz langen Tischen im Essraum und ganz große Baderäume. Jede hatte ihr Waschbecken. Alles war durchdacht, wir waren ja nicht die ersten und nicht die letzten Kinder, die verschickt wurden. An den ersten Tagen stürmte so viel auf uns ein, wir wussten *nimmi bo Hoetz ode Haah woa* (rechts oder links). Morgens um acht wurde gefrühstückt. Jeden morgen *Scheele un fresche Brietje.* Das war vielleicht toll. Brötchen gab es bei uns ja nur *Somstes un de moost me sallewe kaafe joon*. Was ich noch weiß, Sonntags gab es keine, da gab es *Schwatzbrut met Magriene un Scheele, naa dat hat mir net jeschmackt* (ich mag es heute noch nicht).

Aber das Meer, so etwas schönes hatte ich noch nicht gesehen. Ein Sandstrand so weit man sehen konnte und das Meer. Heute noch erinnere ich mich ans Meer, und den Geruch habe ich immer noch in der Nase. Jeden Tag gingen wir spazieren. Es gab so viel zu sehen. Wir durften *met de nackeje Fees en et Wasse, Brrr – woa dat kalt, aber dat machte nix.* An der Strandpromenade stand eine große Muschel. Dort gab es Sonntagskonzerte. Abends fielen wir *hondmeet* (hundemüde) *en et Bett.* Auch gab es ein Unterhaltungsprogramm. Es wurden Spiele gespielt, *Mill, Halma un Mikado*. Die Zeit verging am Anfang schnell. Jeden Abend traf ich mich mit meinem Bruder. Dann erzählten wir von zu Hause und heimlich habe ich die Tage gezählt. Ja, wir dachten oft an zu Hause. Unsere Schulkameraden schrieben uns Briefe, *bat de Haam su loss woa*. Dann wurde uns die Zeit besonders lang.

Zwei Ereignisse aus dieser Zeit werde ich im Leben auch nicht vergessen. Einmal kam ein Brief aus der Schule und unsere Freunde schrieben uns von einem Großbrand *en »Ridde Eck«*. Das muss wohl ganz dramatisch und furchtbar gewesen sein. Meine Freundin Helga war dort zu Hause und jedesmal wenn wir, auch heute noch *domet anfänken*, kann sie sich wieder genau daran erinnern. Gottseidank kamen keine Leute zu Schaden, aber so viel Vieh ist verbrannt und Helga erzählt immer, dass sie das Schreien der *Wutze un Keeh* noch heute hört. Dann der Geruch von Verbranntem, das war alles so schlimm. Man muss ja auch bedenken, dass die Feuerwehr längst nicht so ausgestattet war wie heute. Eine Nachbarin hat mir erzählt, dass an manchen Häusern, *bo en*

Vor 60 Jahren habe ich dieses Bild gemacht. Owei, owei, kaum zu glauben.

Petz woa, ein Schild hing: »Löschwasser«. Von da aus wurde dann das Wasser gepumpt. Wenn heute die Sirene geht, denken die Betroffenen oft noch an diese schlimme Nacht. Und wir hingen auf Sylt fest und wären gerne zu Hause gewesen.

Dann die zweite Nachricht, die ich auch nie vergessen habe. Es war der 22.11.1963. Wir waren im Schwimmbad, ja das gab es auch für uns. Ich weiß noch, wie es aussah. Ein großer Kuppelbau mit hohem Dach. Ich, mit einem roten Badeanzug, geliehen von meiner Cousine, mit meinem Namen eingenäht, das war schon was. Eigentlich war er mir ein bisschen zu groß *owwerimm,* zum Glück war er gepolstert *un em Wasse es et kaanem offjefalle.* Also waren wir im Schwimmbad und hatten viel Spaß bis eine Frau kam und sagte: »Der Kennedy ist erschossen worden.« Alles war *mucksmäisje stell. Keine hat mie Jekeschkate jemach.* Wir haben die sechs Wochen dann anstandslos *erimm krischt.*

Noch ein letztes Mal auf die Waage (wir wurden jede Woche gewogen, schließlich sollten wir ja unterernährt sein). *Bäi mir sollten et 4 Pond jewääs säin,* aber ich glaube, die haben da ein bisschen nachgeholfen. *Äwwe jetz nix be Haam.* Wir waren glücklich wieder hier zu sein, bei Mama und Vater und unseren zwei Brüdern. Wir erzählten ganz oft davon. Es war trotz Heimweh ein großes Erlebnis. Viel hatten wir gesehen, wir waren in Kampen, Keitum, Rantum und List. Das Rote Kliff und den Ellenbogen. Gosch gab es noch nicht und die Sansibar gab es nur auf Sansibar. Wir hatten ruhige und stürmische See erlebt.

Später einmal (ganz viel später) habe ich meiner Freundin Brigitte erzählt, auf Sylt war Windstärke »Sieben« und die Wellen waren 500 Meter hoch! Sie überlegte ein bisschen und meinte dann, Inge, *dat kann net säin, oose Kirchturm es 35 Meede huh un bäi däine 500 Meede wär janz Dinneschem aafjesoff.* Also bitte, na ja, *viellescht hann esch ebessje iwwetriwwe, ewwe se woaren werklech janz schwär huh.*

Namenstag

Wenn in früheren Jahren Kinder auf die Welt kamen, gab es keine lange Raterei wegen des Namens. Man wusste ja vorher nicht, was bei der Sache heraus kam. Ultraschall? *Bat es dat dann??* Frauenarzt? Genau so. Die Sachen waren noch nicht erfunden. Die Frauen hatten auf einmal einen dicken Bauch vom vielen Essen. Komische Kleider wurden getragen und riesengroße *Kiddelschetze*. Wir wussten natürlich mal wieder gar nix. Mama, die sonst immer gelenkig und flott war, war auf einmal *iwwehaupt nimmi jankesch*. Ich habe das nur so am Rand *metkrischt*. Es war war ja auch bei Anderen so, *et joong nimmi su flott fieranne* (voran). Auch die Tanten und andere Frauen hatten in der Zeit kräftig zugelegt. Die älteren Kinder wussten natürlich Bescheid und flüsterten aber nur hinter vorgehaltener Hand: *Ähj kuck aas, de krischt e Kend*. Die Frauen, die schon Kinder hatten sagten, *ou, bei dem es et och ad widde su wäit*. Manche Frauen sah man auch nicht mehr so oft auf der Straße. Das schickte sich einfach nicht. Sie versteckten sich, weil sie »*schienant*« waren. (Sie haben sich geniert.)

Es wurde auch kein großes *Bohai jemaach*. Es gab keine Voruntersuchung und keinen ungefähren Geburtstermin. Überhaupt gab es keine medizinische Betreuung. Das hat die Frau selbst gewusst. Meine Mama hat uns drei Erste zu Hause bekommen. *De Kindjesbaas moos wohl do jewääst sein, äwwe mir han nix metkrischt*. Fast alle Kinder kamen zu Hause *off de Welt*. Ja, dann war irgendwann Geschrei im Haus und ein kleiner Mensch lag da. Mein Schwiegervater sagte immer *en Kammedemäsche* (Krachmacher). Am Anfang durfte das Kleine noch bei Mama im Schlafzimmer liegen, aber später rückten wir dann zusammen und gerechterweise lagen in zwei Betten jetzt vier Kinder. Ja und die Mütter hatten keine lange Zeit zum Ausruhen, keine Wochen vorher und keine Wochen nachher. Sofort waren alle wieder voll dabei. Die großen Geschwister schoben die Kinderwagen und hatten die Kleinen am Hals weil die Mamas *widde all Hänn voll Arwet* hatten. Die großen Kleider und »Zelte« wurden verbannt *bes et näxte mool.*

Die Kinder mussten dann ja auch einen Namen haben. Namen zu finden war gar nicht so schwer, die Vielfalt war überschaubar. Bücher, »Wie nenne ich mein Kind?«, oder »Die schönsten Namen für Neugeborene«, gab es nicht. Die Väter *joongen off et Amt un han dat Kend anjemällt.* Manch glücklicher Vater konnte sich aber nicht mehr erinnern, wie der Name sein sollte und so war dann doch eine Vielfalt da. Jedes Kind hatte ja auch einen zweiten Namen, den vom *Pättje ode den von de Jettje. Mäin Jettje* hieß Maria, also ist mein zweiter Name auch Maria. Bei uns war mein Vater zuständigkeitshalber Namensgeber und Aussucher. Er sagte immer: *Dir krischt Nommere de me net vehundse* kann. Es war ja so, dass früher die Namen schnell verstümmelt wurden. *Et Gertud woa et Troud, et Margret et Gritt, et Katharina woa et Träin, et Barbara et Bäb, et Maria et Mai, et Sofia et Suffäi un et Veronika et Vrunn, et Elisabeth woa et Liss, un et Anna-Maria woa et Ammi.* Man konnte auch mit den *vehundsten* Namen noch etwas anfangen, aber bei einem Namen fiel mir überhaupt nix ein, *Ische. Jo et Ischel wor em Ischels Gretje säin Motte.* So hat man den schönen Namen »Ursula« *su richtisch vehundst.*

Bei den Männern war es genau so. *Josef woa de Juppes, de Anton de Dunn, de Nikolaus de Klääs, de Jakob de Jokem, un de Christian de Chrest.* Heute noch schöne Namen, aber damals legte man nicht so viel Wert darauf, es musste nur der »passende Heilige« als Schutzpatron für das Kind sein. Ganz früher als die Familien noch *janz vill Kenne* hatten, wurde oft der Name geholt, der an dem Tag im Kalender stand. Meine Mama war am 9. Februar geboren und da stand im *Kallene*: Apollonia. Also hieß das Kind so. Die Kirche bestand darauf, dass immer eine Heilige oder wenigstens eine Selige der Schutzpatron war. Man betete abends zu seinem Heiligen, dass er uns beschützen sollte, deshalb Schutzpatron. Hatte man keinen Heiligen im ersten Namen parat, wurde der

Zweite genommen. Nur kurz gesagt, Ingeborg war nur eine »Selige« aber da war ja noch *et Maria*, darauf konnte ich mich verlassen, die war immer zur Stelle, wenn ich gebetet habe. Später wurde mir einmal erzählt, dass der Pastor ein Kind einfach nicht taufen wollte, weil es keinen passenden Heiligen zu dem Jungen gab. So musste das Kind als Rufname den seines Paten annehmen und nicht den, den seine Eltern für ihn ausgesucht hatten. Das geschah wirklich noch 1948!

Vor meiner Zeit waren die Namen mit dem Beruf oder der Arbeit verbunden. *Schostesch, Schräinesch, Mille, Striehjupps*, (einer der Strohhäuser gedeckt hat), *Koule*. Auch Straßennamen waren Weg- und Hinweiser. Man hat die Leute einfach *do hin jedoon bo se jewannt hann. Heefjes* (Höfchen), *Ridde Eck, Backboor.* Das Dorf war ja klein und die Straßen hießen Wege und Gassen. *Et joof de Pesch* (heute Wiesengrund), *de Kejelbahn*, (heute Blumenstraße) *et Millionejässje* (heute Trierer Straße), *et Hoorsteck* (Garten -und Schulstraße). *Iwweral joof et Wenkeltje, bo me flott durchflitze kunn. Off de Kejelbahn* soll es wirklich eine Kegelbahn gegeben haben, mein Vater hat erzählt, dass er Kegeljunge war und die Kegel, die andere *immjeschmess hann*, wieder aufstellen musste. Dafür gab es dann *finef Penning ode en Grosche.* Auch später noch *bäi Schullematthese* mussten die Kegel mit der Hand aufgestellt werden.

Natürlich gab es keine Geburtstagsfeier, es gab nur: »*Dat hat Nommensdaach.*« Das wurde dann auch ordentlich gefeiert. Mit *Kaffi un Koche, omends noch Schnittje met Ei un Kummere un e poar Gelässje sallewejemachte Eijelikör.* Der Geburtstag zählte noch nicht. Auch da hatte die Kirche wieder ein Wort mitgeredet. Schließlich war das Kind, das auf die Welt gekommen war, ja ein Heidenkind. Dann kam die Taufe und das Kind bekam einen Namen, ja und deshalb Namenstag. Also ich hätte mit meinem zweiten Namen ganz oft Namenstag feiern können, denn es gibt viele Marien-Feste. Die Maria's hatten die freie Auswahl. Später zählte dann nur noch der Geburtstag. Vielleicht sind dem Himmel ja die Heiligen ausgegangen oder man hat beschlossen, dass es keine Heidenkinder mehr gibt.

Der Geburtstag wird in allen Altersklassen mit großem Brimborium gefeiert. Die Kleinsten fiebern schon dem »Großen Tag« entgegen. Es gibt wilde Partys, Spiele, Omas und Opas werden angekarrt und das Kind mit Geschenken überhäuft. Mit einer Krone *off em Kopp* nimmt das Geburtstagskind die Huldigungen entgegen und freut sich am meisten auf die süße Torte mit *viiieeell* Schokolade.

So klein aber schon Lackschuhe. Die Hose und das Kleidchen natürlich aus reiner Wolle.

Wohnen früher

Die meisten Häuser waren klein und gedrungen. Alles war zweckmäßig und nix überflüssig. Dafür war ja auch kein Platz da. Man hatte eine offene Küche *met em Speelslaan un em Granne.* Wollte man warmes Wasser haben, musste man den Herd anmachen. Ob Sommer oder Winter. Es wurde ja auch nicht so viel warmes Wasser gebraucht. Gewaschen wurde sich *en de Woch em klaane Bittje* mit integrierter Seifenschale natürlich mit kaltem Wasser. *Un Sommstes en de grusse Bitt.* Ja, dafür wurde dann heißes Wasser gebraucht. Das einzige mal, wo am Tag warmes Wasser gebraucht wurde *woa fir se speele. Un wenn klaane Kenne em Hous woaren im de Flasch se koche.* Und wenn große Wäsche anstand, wurde die dann meistens *en de Feedekech jekocht.* Man hatte einen Holzvorrat *em Schopp.* Dort stand *en Hauklotz.* Mein Vater hat dort *Schäide jespaalt un Anfängsholz jemach. Su klaane dinne Schliwwerechje e besje deckere droff un schun hat me de Häad flott warm jehatt.* Bei uns wurde *et Hauklotz* oft zweckentfremdet.

Gab es Huhn als Sonntagsbraten, wurde dem dort *de Kopp aafjehau.* Das war nix für mich, aber meine Mama, ihr wisst ja, die war für fast alles zuständig. Wenn mein Vater keine Zeit hatte, war Mama eben dran. In der offenen Küche stand meistens noch *en Schrank met Deppere un Panne* und einem großen gusseisernen Bräter *fir de Riesendeppekoochere.* Und natürlich *de Zentrefuch.* In der Stube sah es schon etwas wohnlicher aus. Da stand der Herd. Zentralheizung gab es kaum. *Hat et en de offene Kech jezurre,* war es in der Stube wohnlich warm. Abends, wenn meine Eltern schlafen gingen, haben sie die Tür aufgelassen, damit *et owwenoff och e besje entschloon joff* (dass die Wärme auch nach oben zog). In der Stube stand ein Sofa (Zwei-Sitzer) mit einer schönen roten Decke. Aber ein Sofa für sechs Personen, wie soll das wohl gehen. Also war das Sofa *e bessje fir schien se stoon, net fir se lümmele.*

Manche Familien hatten schon ein echtes Wohnzimmer, nur dass da keiner wohnte. Das wurde nur benutzt, wenn Besuch kam und an Weihnachten. In dieser Stube hielt der Weihnachtsbaum sich immer sehr lange, weil dort nicht geheizt wurde. Nein, diese Sorge hatten wir nicht, bei uns hat der Baum *no poa Dach schun jerisselt*. Wir hatten keine zusätzliche Stube, *mir hann all en aane jehockt*. Aber diese Stube war alles was wir brauchten. Wir saßen am großen Tisch, mein Vater am Kopfende, *mir deheneschi* (dahinter) und Mama vorne damit sie jederzeit aufspringen konnte wenn irgend etwas gefehlt hat. Aber eigentlich war alles in Reichweite. An dem Tisch machten wir unsere Hausaufgaben, lernten Rechnen und Schreiben. Mama nähte an diesem Tisch, meine Brüder spielten mit dem Stabilbaukasten oder nahmen die Nähmaschine auseinander, alles an einem Tisch in einem Raum. Es war zwar eng, aber es war so.

De Owwenoffetrapp (Die Treppe nach oben) *eroff, woa en Jank* (ein Gang) und rechts und links ging es zu den Schlafzimmern. In dem Schlafzimmer unserer Eltern stand ein Doppelbett. Stellt euch das mal vor, ein Zimmer für nur zwei Personen. Es gab einen Kleiderschrank, einen Waschtisch mit großem dreiteiligem Spiegel, *och fir schien se stoon*. Ich habe meine Mama nie davor sitzen sehen. *En Bettumrandung un en Tagesdeck*. Die sollte immer schön glatt gezogen sein, *be et unnedrunnescht* (drunter) *ousjesehn hat woa ejal*. Die Schlafzimmermöbel waren von »*Schräinesch Willi*« handgearbeitet. Es gab auch noch keine durchgehenden Matratzen, die dreiteiligen Dinger waren sauschwer. Es gab auch keine Spannbetttücher. Man musste schon schwer ziehen, bis man die *Läineje* (Laken) *vestoppt* hat. Wir hatten zwei Betten für vier Kinder, das war schön. Man war nicht alleine und oft hatten wir uns noch ganz leise etwas zu erzählen.

Bei meiner Tante, die Kriegerwitwe war, war die eine Betthälfte immer leer. Manchmal habe ich bei ihr geschlafen. Unter dem *Plümmo säin ech baal vesoff*, so dick war das. Ihr wisst ja noch, meine Tante war ein Handarbeitsgenie. Sie hatte auf den Betten am Tag zwei Paradekissen aufgebaut. Natürlich mit Häckeleinsatz. Rundherum gehäkelte Rüschen und *mettendroff de Anfängsbochstowere* (Initialen) von ihrem Namen. Alles fein säuberlich. Natürlich war das Paradekissen mit Hoffmanns-Stärke präpariert. Es war auch nur für *tagsiwwe un fir schien se stoon*. Daneben auf dem Waschtisch stand *de Waschlavur, en Schottel,* ein Wasserkrug und eine Seifenschale. Für den Mann gab es noch eine Schale für den Rasierpinsel *och dat janze Jedeens woa widde nur fir schien se stoon.*

Meine Tante hatte zu der Zeit schon eine Art Badezimmer ohne Klo. Ja, und an der Wand über den Betten hing ein meterlanges Bild im goldenen Rahmen mit der heiligen Familie. Maria, Josef *un et Jesuskindje* schauten liebevoll auf die müden Krieger. Manchmal waren auch noch ein paar »Jünger« abgebildet. Diese wunderschönen Rahmen habe ich zweckentfremdet. Ich habe sie mit schönen Bildern als Blickfang aufgehängt.

An der Wand hing *et Wäiewassekässeltje* (Weihwasser-Kessel) und jeden Abend hat *me de Fingere dren jedonkt un et Kräiz jeschlon.* (Man hat ein Kreuzzeichen gemacht). Das Weihwasser hat man ja Ostern in der Kirche bekommen. Dann wurde es zu Hause in Flaschen aufbewahrt, *dat moost haale bess näxste Ustere* (Ostern). Was ich immer schön fand, man hatte eine lange Kordel am Bett, so konnte man das Decken-

Heiligenbilder schmückten das Schlafzimmer.

licht ausknipsen, wenn man drin lag und brauchte *net met de nackeje Fees em däistere* (dunkeln) *erimm se tapse*. Auch das habe ich beibehalten als Nostalgie. Mein kleiner Enkelsohn hat seine helle Freude damit, die Kordel zu ziehen und das Licht an- und auszumachen.

Bei uns, und nicht nur bei uns, waren im Winter die Schlafzimmer immer ziemlich kalt. Man hatte ja keine doppelt verglasten Fenster und die Kälte kroch überall hin. Wir hatten den Stein im Bett, aber morgens war der abgekühlt und die Bettdecke vom Atem angefroren. Die Fensterscheiben hatten wunderschöne Eisblumen.

Wenn Mama und mein Vater morgens aufstanden, wurde als erstes Feuer gemacht und alles war schön angewärmt wenn *mir ousjeschloff* hatten. Eigentlich war alles halb so wild, wäre da nicht das Häuschen im Hof gewesen. Das Klo war nicht im Haus, nein, es stand irgendwo im Hof. Egal ob Sommer, Herbst oder Winter, egal ob bei Schnee oder Regen, bei Kälte, Frost oder im Sommer bei Hitze, musste man, musste man raus. Es roch auch nicht so gut *off em Abtrett, also flott aafbotze un widde e ren*. Wenn man im Winter musste und dann wieder in die warme Stube kam, hat Mama gesagt, *komm flott an et Foue, dou ziddes jo be en Aspeleheck* (du zitterst ja wie Espenlaub).

Man kann sich das heute nicht mehr vorstellen. Die Häuser sind riesig. Im Esszimmer steht ein meterlanger Tisch. Die Küche ist hochmodern mit allem Schnickschnack. Ein Wohnzimmer mit ausladender Sitzlandschaft und bodentiefen dreifachverglasten Fenstern. Der Fernseher nimmt eine ganze Wand ein. Jede Person hat ein eigenes Zimmer. Für den Papa einen Trainingsraum im ausgebauten Keller. Für Mama daneben eine Sauna mit Wellnessbereich. Selbst die Katze hat einen riesigen Katzenbaum. Ach ja, und das Bad. Eine Luxusoase mit begehbarer Dusche und verchromten Armaturen. Die Räume sind riesig, die Lampen auch. Meistens leben in diesen großen Häusern kleine Familien. Manchmal frage ich mich, eigentlich sehr oft, wie es sein konnte, dass in einem Haus 15 Personen lebten, wie bei meiner Oma väterlicherseits. Ja, und wenn man dann alles hat und die Kinder gehen aus dem schönen großen Haus, ja dann weiß man vor lauter Platz nicht mehr wohin.

Herbstzeit

Der Herbst war immer meine Lieblingsjahreszeit, auch heute noch. So langsam konnte man einen Gang zurückdrehen, bevor der Winter die Arbeit draußen lahm legte. Im Sommer waren die Tage ziemlich lang, man stand morgens in aller Frühe auf, um möglichst viel auf den Feldern vorzubereiten. Manche Arbeiten mussten ja zwei- dreimal gemacht werden ehe geerntet werden konnte. Das Heu musste gewendet werden, damit es trocken war, ehe es eingefahren wurde. Es war ja alles Handarbeit. Das Getreide, Korn, Gerste, Weizen und Hafer wurden mit der Sense geschnitten. Das war Arbeit der Männer. Die Frauen gingen hinterher *un han de Hällem mem »Grimmesje« offjerafft un met Hännesjeskoedel* zu Garben zusammengebunden. (Mit einer kleinen Sichel).

Dann durften meine Brüder ran und die Garben aufstellen, damit *de Frischt* (Ähren) trocknen konnte. Am Anfang hatten wir noch keinen Binder, der das alleine machte. Wie immer war Handarbeit gefragt. Aber wenn alles *enjefoha woa,* dann war die Sommerarbeit zum größten Teil getan. Manchmal hat sich alles verzögert, man war ja wetterabhängig. War ein Regentag, warf das die Bauern um einiges zurück. So schnell, wie die Maschinen heute arbeiten, war mit Muskelkraft nichts zu machen. Im Sommer haben wir unsere Eltern viel gesehen, aber da sie *schwär* beansprucht waren, hatten sie kaum Zeit, sich mit uns zu beschäftigen. Gut, wir waren ja auch eingebunden, aber oft schlugen wir auch über die Stränge und machten *Schällemestecke*. Dann musste mein Vater uns zur *Resong päife* (Raison pfeifen). Irgendwie fehlte es an Zuwendung. Zuerst kam die Arbeit, dann alles *annere*. Nach der Kartoffelernte wurde es besser. Wenn die Kartoffeln im Keller waren, konnte man ein bisschen durchatmen: Herbst. Mama brauchte dann nicht mehr mit aufs Feld, den Rest schaffte mein Vater alleine. Außer *de Rummele un de Kulleräwe*. Dann waren meine Brüder wieder gefragt. Ja und dann mussten die Felder noch für die nächste

Saat vorbereitet werden. Der Boden wurde *jeplocht un jeäscht.* (Pflug und Egge). Schon wieder Knochenarbeit. Hatte man Glück, war der Boden weich und *de Schoare* (Pflugscharen) gingen leicht durch die Erde. Manche Felder waren steinig *un kneppelhatt, dann jong et nel firranne.* Es war ja wieder keine Maschine im Spiel, nein *de Plooch joof vom Päad jezurre un dehenescht jong mäi Vatte.* Ihr wisst ja, unsere Fanni war ein gutes Pferd und mein Vater brauchte ganz selten *de Kletsch.* (Peitsche). Es war schon ein gutes Gefühl, wenn man ein Feld umgepflügt hatte und der Boden so richtig schön glänzte. *De Daach denoh wurde noch jeäscht,* dann durfte die Erde ruhen bis im Frühjahr alles wieder beginnen konnte.

Dann war da noch etwas, was nicht so schön war. *Et moßt Puddel jefoah wäre.* Irgendwann war es nötig das die Schei... aus dem *Häisje koom.* (Die Jauche aus dem Außen-WC.) Dafür gab es spezielle Fässer, *et Puddelsfass.* Hatte man die Jauche endlich im Fass (komplizierte Angelegenheit, da kenne ich mich nicht aus) wurde sie natürlich wieder mit dem Pferdegespann aufs Feld gezogen. Dort angekommen, wurde ganz

Wenn die Kraniche kamen, ja dann wurde es Herbst.

schnell *de Granne offjedräht* und das Feld gedüngt. Das hat vielleicht gestunken, aber es soll gut für den Boden gewesen sein. Das will ich jetzt mal glauben. *Et Puddelsfass* hatte bei Kindern, hauptsächlich bei Jungen eine große Anziehungskraft. Manche konnten es nicht lassen, hinter dem Bauer her zu laufen und sich an dem Hebel zu schaffen zu machen. Es ist dann auch manchmal passiert, dass einer geduscht und mit der wunderbar duftenden Brühe eingeseift wurde. Ich möchte nicht wissen, was die armen Mütter gesagt haben, wenn so ein Lausebengel nach Hause kam.

Ein Kärcher wäre die Lösung gewesen, Hä? – bat es dat dann???

Mama hatte natürlich auch noch zu tun. Der Garten war ja ihr Reich. Da wurde *imjespoat un de Fältje fir de Moussur serächt jemaach.* (Die Beete für den Feldsalat). *Un de Äppel moosten och vesorcht jenn.* Dann konnte man sich so langsam auf die Gerichte freuen, *de anem em Summe ze schwär em Mare loochen.* (Die schwer im Magen lagen.) *De Deppekooche, de Kreppeltje, de Kromperekl ies, de Jedämpte, en schien deck Jemessopp* (Gemüsesuppe) *met Appelkescheltje.* Zum Nachtisch Bratäpfel und sonntags Apfelkuchen. Was die Saison hergab. Das »Alles« gab uns die Wärme und Geborgenheit, die im Sommer etwas zu kurz gekommen war. Wenn es früher dunkel wurde und Feierabend war, *hat me de Iwwegadiene* (Übergardinen) *zojezurre* und in der Stube war es schön.

Als wir kleiner waren, hatte mein Vater uns »Max und Moritz« vorgelesen. Das hat er später noch bei seinen Enkeln beibehalten, *mir kunnten et oussewänesch* (auswendig). Oft hat er uns auch Lieder vorgesungen. Es gibt Lieder, die ich nie vergessen habe: »Ich hat einen Kameraden«, »Das Wolgalied«, »Röslein auf der Heide«, das Lied vom »Edelweiß« (erst war es weiß wie Schnee, dann rot wie Blut). Das waren die Lieder für zwischendurch, denn wenn Fasnacht kam, war »Jupp Schmitz« angesagt.

Es ist schon so lange her, aber an die Abende im Herbst erinnere ich mich sehr gerne. Ich habe den Geruch vom Holz in der Nase und die Wärme der Stube im Gefühl. Dieser Tage habe ich etwas gesehen, was mir nicht aus dem Kopf geht. Vor dem Dorf auf einem riesigen Feld fuhren vier noch riesigere Traktoren und bearbeiteten den Acker. Es dauerte nicht lange und alles war umgepflügt und fertig. Diese riesigen Maschinen, wo ein Rad so groß ist, wie früher ein Pferdegespann, mit Hintermann. Diese Alleskönner, die die Arbeit im Handumdrehen erledigen.

Mein Vater war später mit unserer Neuerwerbung, *de Bulldog,* (nach Fanni) noch tagelang unterwegs um die gleiche Arbeit zu tun. Aber es war trotzdem schon eine enorme Erleichterung. Heute noch muss ich meine Eltern und alle bewundern. Aber es blieb auch etwas auf der Strecke. Es wurden abends keine Lieder mehr gesungen und die Gemütlichkeit war etwas in Vergessenheit geraten. Die Zeit war vorbei. Wir Kinder waren ja auch schon älter und »Max und Moritz« nicht mehr sooo interessant.

Mit meinem Bruder und Werner habe ich letzens gesprochen, die haben mir erzählt, wie mühevoll es war, *ze ploche*. Man musste *de Schoare* drehen, wenn man am Ende des Feldes *(annewellt)* angekommen war und so *de nächste Fuhr* (Furche) bearbeiten. Also, ich als Mädchen hatte ja davon überhaupt keine Ahnung, heute noch nicht, schließlich war das reine Männersache.

Schulalltag

So langsam näherte sich das Ende der ersten Klassen. Immer noch saßen wir in einem Raum, aber wir waren weiter nach hinten gerutscht. Jetzt saßen vorne noch kleinere. Aber bald kam der »Aufstieg« und mit ihm ein neuer Lehrer.

Hatten wir die Alten schon verschlissen, kam nun ein »Junger«. Es war seine erste Stelle und scheinbar war er am Anfang mit uns total überfordert. So ganz hatte er die Klasse nicht im Griff. Er war nicht gerade mein Lieblingslehrer, aber die Jungen hatten ihn gern. Manche sagen heute noch: »Bei dem haben wir viel gelernt.« Aber es gab auch für uns Lichtblicke. So organisierte er Wandertage mit anschließendem Essen. Das war ein Spaß. Wir konnten zwischen zwei Gerichten wählen, *Erwessopp ode Bunnesopp*. Die Suppe wurde im Freien gekocht und dann auf der Wiese verspeist. Die Jungen durften Feuer machen und uns Mädchen *de Sopp*, die sie von den Mamas absortiert hatten, servieren. Ich erinnere mich noch gut daran und denke oft, wie gut sie gerochen und geschmeckt hat. Die Jungen wurden natürlich *schwär jelobt*. Schließlich hatten sie die Einmachgläser *sallewe offjemaach un de Inhalt en dat Kochdeppe jeschott*.

Bei dem neuen Lehrer, der erste, der keinen Stock gebraucht hat, hatten wir auch Turnunterricht. In einem Klassenraum, *de Trapp eroff links owwe*, lagen ein paar Matten und darauf wurde geturnt. Wir Mädchen sollten Spagat lernen, *ewwe mir koomen all net richtesch erunne. Kaburzelbaam* (Purzelbaum) *joong schun bässe. Rad schloon och.* Handstand – damit hatte ich so meine Schwierigkeiten, *imme moost mech aane fasthaale.*

Natürlich hatten wir nicht so schicke Outfits wie heute, ich glaube, ihr wollt nicht wissen, was wir anhatten. Ehrlich gesagt, habe ich immer gemeint, ich wäre super im Turnen, aber es gab einige, die hatten es drauf und die habe ich dann etwas beneidet. Auch damals war Mädchensport nicht so angesagt, *dat woa iede eppes fir Junge*. Doch da gab es große Unterschiede. Nicht bei jedem sah es elegant aus. Wenn wir Sportfest hatten, wurde im Freien trainiert. Da konnte ich schon eher punkten. Aber nur im Laufen war ich ziemlich gut und schnell. Weitwurf und Weitsprung oje. (Weitwurf unter 20 Meter, Weitsprung unter 2 Meter.) Ein Mädchen, Marlene, die drei Jahre älter war als ich, sprang einmal 4,50 Meter. *Mir hann de Moul nimmi zokrischt.*

Zu der Zeit hatten wir auch in der Schule Rot-Kreuz-Unterricht. Zuerst aber mussten wir die Geschichte und den Namen des Gründers auswendig lernen: »Ori Düno.« Das mussten wir dann wiederholen und schrien im Chor: »Ori Düno, Ori Düno.« Schließlich hieß der Mann Henry Dunant aber auf *Dinescheme Platt* hörte es sich eben für uns so an. Ja, wir haben viel gelernt in diesem Kurs. Stabile Seitenlage und Tricks mit dem Dreieckstuch. Das sollten wir anwenden wenn *ebbes passert. Gott säi Dank es nix passert.*

Unser zweiter Lehrer – der erste war aus Altersgründen ausgeschieden und ging nur noch im Anzug und Hut bekleidet vors Haus, nicht zu vergessen die dicke Zigarre – hatte sich auch verabschiedet, also kam Nummer 3. Am Anfang ging noch alles ganz gut. Aber dann kam, genau wie bei Nummer 1, der Stock ins Spiel. Hände vorstrecken

Die Mädchen mit Schürzchen. Haben wir uns so versaut?

und schwupps hatte man glühende Handflächen. Das war überhaupt nicht schön. Wir waren sowieso immer bedacht, alles richtig zu machen, um nicht aufzufallen. Es wurden auch große Unterschiede gemacht. War ein Kind oder dessen Eltern der besondere Liebling des Lehrers, durfte es sich alles erlauben. Manche hatten einen schweren Stand und regelmäßig *rude Hänn*. So wurden wir, im wahrsten Sinne des Wortes, auf das Leben getrimmt. Aber nicht nur der Herr Lehrer, nein auch der Herr Pastor machten sich einen »Spaß« daraus, die Kinder zu verkloppen. Zu Hause traute man sich nicht recht zu sagen, *de Pasdur häischt och de Kenne, dat mäscht doch kaane Pasdur.* Wenn ich heute daran denke, fühle ich mich immer noch schlecht. Die Lehrer und der Pastor, was hatten die für eine Macht über uns.

Fast habe ich es vergessen, wir hatten auch noch zwei Lehrerinnen zwischendurch. Natürlich unverheiratet. Fräulein Sybille Escher und Fräulein Richenza Pellenz. Fräulein Pellenz habe ich nicht mehr so erlebt. Im Gegensatz zu Fräu-

Der Jahrgang über mir. Einen auf diesem Foto habe ich behalten. Ech hann en imme noch.

lein Escher, die ich als freundliche, sehr distanzierte, ganz, ganz Fromme in Erinnerung habe. Manche Jungen hingegen kamen mit ihr und sie mit ihnen überhaupt nicht zurecht. Bei Fäulein Escher wurde jeden Tag Punkt 11 Uhr der »Engel des Herrn« *jebett*. Was das sollte, weiß ich bis heute nicht.

Dann wieder etwas zu unserer »Weiterbildung«. Es gab einen »Aufklärungsunterricht.« Den hatten wir eines Nachmittags von 14 bis 16 Uhr. Wir waren sehr aufgeregt. Fräulein Escher auch. Die Jungen waren auch dabei, hatten rote Ohren und grinsten verschämt. Als ob sie schon über alles Bescheid wüssten. Sie wussten, glaube ich, genauso wenig wie wir Mädchen. Also erzählte uns Fräulein Escher etwas vom stecknadelgroßen Samen, der irgendwo heraus kam und woraus dann ein Kind würde. Glaubt es mir, wir haben kein Wort verstanden, aber so getan als ob. Wir Mädchen hatten das Gefühl, einem großen Geheimnis auf der Spur zu sein. Fräulein Escher hatte irgendwas vom großen Geheimnis gesagt. Der Weg bis dahin war noch lang, aber ganz oft denke ich an diese Stunde, als wir mit offenem Mund und großen Augen Fräulein Escher zuhörten. Schließlich waren wir erst 12 Jahre alt. Haben wir dann zu Hause davon in verkürzter Form erzählt, waren unsere Eltern froh. Endlich waren ihre Kinder aufgeklärt und wussten irgendwie Bescheid. Mama – scheinbar war es Mamas Aufgabe mit den Kindern »Klartext« zu reden – war froh, dass jetzt endlich alles gesagt war. Wir wussten nun alles, aber verstanden hatten wir nix. Das Wissen haben wir uns später alleine angeeignet auf andere Art und Weise, da haben wir es dann auch verstanden.

Wir hatten Heimat- und Naturkunde, Rechnen, Schreiben, Raumlehre, Malen, Handarbeit, Erdkunde, Musik und Religionsunterricht. Einmal im Jahr kam dann auch noch der Schulrat um zu testen, wie weit wir waren. Da mussten wir ganz besonders schlau sein, um dem Lehrer keine Blöße zu geben. Ich weiß noch, dass wir einmal in Erdkunde getestet wurden. Dann wurde die große Landkarte am *Koatestänne* (Kartenständer) *offjehange*. Der Schulrat zeigte mit einem

Stock *(der hat net jeschloon)* auf irgendetwas und wir mussten ihm dann sagen, wo er grad dran war. Unser Lehrer war froh, wenn er wieder weg war und er ungeschoren davon kam. Ja, wir waren schon sehr klug. Bei Fräulein Escher gab es Fleißkärtchen, meistens mit Heiligenbildchen drauf. Die wurden gesammelt. Ich glaube, ich hatte auch welche.

An meine ersten Buchstaben kann ich mich noch genau erinnern: Das »n« *woaren zwei Moadstäckere,* das »m« drei *Moadstäckere* und das »r« *aane Moadstäcke met em Häckeltje dran.*

Über meinen Vater

Wie schon gesagt, im Elternhause meines Vaters wohnten viele Leute. Seine Eltern, seine Geschwister und ein Onkel, der Bruder meines Opas, der Schulrat war. Ich kann mir heute nicht vorstellen, wie das funktioniert hat, aber es ging.

Scheinbar hatte meine Oma im Haus *un met de Kenne* alles im Griff. Es gibt ein Foto meiner Oma, wie sie am Kachelofen vor dem Spinnrad sitzt. Man hat mir gesagt, Oma konnte abends mit Muße spinnen. Lange habe ich nicht verstanden, warum. Es gibt ein Sprichwort das sagt: »Spinne am Abend, erquickend und labend, spinne am Morgen, Kummer und Sorgen.« Wer diese Tätigkeit schon morgens machen musste, tat es aus der Not heraus. Die drei Schwestern meines Vaters hatten die Begabung fürs Handarbeiten scheinbar von ihrer Mutter geerbt. Noch heute habe ich *en Bettspraad* von meiner Oma, ich hüte sie wie einen Augapfel. (Eine gestrickte Tagesdecke mit Blattmuster.)

Von den Brüdern habe ich nur drei gekannt, Onkel *Toni, Pete und de Alwis*. Also, Anton, Peter und Alois. Mein Vater war 1907 geboren *un woa su mettendren*. Er war ein leidenschaftlicher Motorradfahrer. Sein Motorrad hatte einen Beiwagen. Einmal hat er uns erzählt, sein Vater musste *no Esch bäi de Dokte* und er sollte ihn im Beiwagen hinfahren. Natürlich machte mein Vater das sehr gerne. Am *Krejedenkmool* rief mein Opa: *»Haal aas an, ech hann eppes vejäas.«* Er stieg aus und sagte: *»So, jetzt fohr allan, ech hin se Fooß.«* Scheinbar war ihm der Fahrstil seines Sohnes mit dem fahrbaren Untersatz nicht geheuer. Er ist nie mehr *metjefoahr*.

Diese Leidenschaft meines Vaters hielt lange an. Der Nürburgring hat ihn fasziniert und jede freie Minute ist er dahin gebrettert. Später, im Krieg war er im Afrikafeldzug Kradmelder, also immer an vorderster Front. Auch Autorennen haben ihn sehr interessiert. Wir Kinder kannten Namen wie Rudolf Caracciola und Bernd Rosemeyer.

Die zweite Leidenschaft war das Boxen. Er erzählte uns gerne Geschichten von seiner Zeit in Köln. Max Schmeling und seiner Frau Anny Ondra ist er begegnet und war zeitlebens sehr beeindruckt von dieser sympathischen Boxlegende. Ich weiß nicht, wie meine Oma das gesehen hat, wenn ihr Sohn mal wieder *veschammereet haam koom*? Auch später noch hat er keinen Boxkampf verpasst. Dann aber von Cassius Clay. (*Do hatte me endlech och e Fernseh.)* Wenn der geboxt hat, sind mein Vater und meine Brüder (mussten) nachts aufgestanden um die Kämpfe zu sehen. Ich sehe ihn heute noch »Trockenübungen« machen. Linker Haken, rechter Haken, Deckung! Er war aber auch ein begeisterter Turner. Am Barren *un am Päad* machte ihm so leicht keiner was nach. Damals war das noch ein Turn- und Sportverein, heute ist es ein Fußballverein, geturnt wird nur noch selten. Schade. Die Leidenschaft fürs Turnen wurde auch vererbt, genau so wie Auto-, Motorradrennen und der Nürburgring.

Ja, dann gab es noch das Schachspiel. Auch das ist hängen geblieben. Meine Brüder, meine Neffen und meine Söhne

Mein Vater (links) bei seinem geliebten Schachspiel.

spielen Schach. Eigentlich hatte mein Vater viele Talente. Er konnte gut singen und war scheinbar auch ein guter Tänzer. Walzer *lenks un rääs erim.* Mit mir hat er leider nicht mehr getanzt, eigentlich schade.

Als er in Afrika in Kriegsgefangenschaft war, hat er sein künstlerisches Talent entdeckt. Viele Sachen die er hergestellt hat, sind noch in der Familie. So auch ein von ihm handgefertigtes Schachbrett. *(Dat es schwär schien.)*

Er hatte immer ein gutes Verhältnis zu seiner Familie, daran hat auch der Krieg nichts geändert. Viele Postkarten hat er nach Hause geschickt. Oft hat er sich bedankt für Lebensmittel und Zigaretten. Es gab damals schon Enkelkinder für meine Oma und meinen Opa, die grüßte er immer ganz besonders, Anita, Hildegard und Johannes. Die Karten sind schon sehr alt, aber für mich haben sie einen Wert und oft denke ich daran, was der Krieg mit den Familien gemacht hat. Später wurden mir immer wieder Geschichten von ihm erzählt, lustige und traurige. (Einige kursieren im Buch von Stefan Gorges, das er zur 900-Jahr-Feier von Düngenheim geschrieben hat.) Stefans Oma *woa oos Tant Troutje.* Sie war unsere Nachbarin und immer für uns Kinder da. Mein Vater hatte gern mit Kindern zu tun und an Kirmes hat er einmal ein Wettessen *met Moolbirre-Koche* (Blaubeer-Kuchen) veranstaltet. Die Kinder mussten die Hände auf dem Rücken halten und den Kuchen essen. Egon Spikermann hat mir erzählt, dass er *janz behommelt haam koom un säi Mama schwer jeschand hat.* Dabei hat er doch nur *bäim Moolbirre-Wetteäase metjemach, memm näie Sunnesse Anzuch. (Owei dat jet Flacke.)*

Auch Erich Waldecker hat mir eine Geschichte mit meinem Vater erzählt, die mich heute noch berührt. Erich war in Köln, ich glaube, er war 16 Jahre alt, als er noch eingezogen wurde. Als es einen Bombenalarm gab und alle in einen Keller stürzten. Auf einmal sah er einen braungebrannten Mann in Tropenuniform. Er traute sich zu fragen: *»Bes' dou de Fritz aus Dineschem?«* Ja, es war der Fritz, der aus Afrika auf Heimaturlaub kam und auch eben in diesen Keller geflüchtet war. Diese Begegnung haben beide nicht vergessen. Vieles war vor meiner Zeit. Mein Vater wurde ruhiger und Kriegsgeschichten bekamen wir auch immer seltener zu hören. Im zunehmenden Alter wurden auch seine Kriegsverletzungen schlimmer. Aber seinen Humor hat er nicht verloren und oft *hat en us noch »dran krischt«*.

Wenn meine Mutter dann sagte: *»Fritz, loos us doch mool veraase«*, sagte er *»foha dou, ech hann su vill gesehn, ech bläiwen lewe dehaam.«*

Poesiealbum

Ein Erinnerungsstück aus meiner Schulzeit ist das Poesiealbum. Ein kleines Buch, dass fast alle von uns hatten. Es wurde herumgereicht und jeder der wollte, konnte einen Spruch hineinschreiben. Manche – eigentlich alle – verzierten ihre Sprüche mit Blumen, Girlanden und bunten Glanzbildchen. Es gab sie mit Tieren, Herzen, kleinen Mädchen mit Blumensträußchen und Engelchen. Manche haben geglitzert, das war dann besonders schön. Die Einträge waren kleine Kunstwerke und einige haben sich richtig ausgetobt. Mein Spruch auf der ersten Seite hieß: »Allen die in diesem Album stehn, wünsch ich Glück und Wohlergehn.«

Mein Bruder schrieb als Erster. »Liebe Inge bleib gut zu mir, wenn ich mal groß bin dank ich's dir.« Ein schöner gemalter Blumenstrauß und »Gott segne dich« zierten die Seite. Dann kam schon die Realität und mit verschämtem Blick las ich diesen Spruch: »Zum Andenken. Wenn das deine Mutter wüßte, das Du einen Jungen küßte, würde sie schnell laufen und dir einen Maulkorb kaufen.« Haha. Ganz tiefsinnig der Spruch von meiner Freundin Gertrud. »Richte nie den Wert des Menschen, schnell nach einer kurzen Stund, oben sind bewegte Wellen, doch die Perle liegt am Grund.« Ja und dann kam: »Wenn dich die bösen Buben locken, dann bleib zu Haus und stopf die Socken.« Auf der anderen Seite: »In allen vier Ecken, soll Liebe drin stecken.«

Eine andere Mitschülerin schrieb: »Zur Erinnerung! Sei wie das Veilchen im Moos, still sittsam und rein, nicht wie die üppige Ros', die stets bewundert will sein.« Meine Freundin Hildegard schrieb: »Dich im Treuen zu erfreuen, wird mir stets das Höchste sein. Gott möge dir im langen Leben, stets das Allerbeste geben.« Auch diese Seite wurde sehr schön mit Blumen verziert. »Blaue Augen roter Mund, liebe Inge bleib gesund.« Das steht wieder in vier Ecken. Etwas gruseliges gab es auch: »Der Teufel ist ein Menschenmörder von Anbeginn.« Eijeijei! Dann aber wieder etwas Schönes. Meine

Freundin Hiltrud schrieb: »Inge, du hast recht, die Welt ist erbärmlich schlecht, ein jeder ist ein Bösewicht nur du und ich natürlich nicht.« Eine Mitschülerin schrieb: »Sei deines Willens Herr und deines Gewissens Knecht.« *Bo hat dat denn Spruch nur här?*

Am 22. März 1961 schrieb mir ein Mädchen diesen Spruch in mein Album: »Im Stande der Gnade sind wir sicherer als im Atombunker.« Meine Freundin Helga hatte auch einen schönen Spruch parat: »Dem kleinen Veilchen gleich, das im verborgnen blüht, sei immer fromm und gut, auch wenn es keiner sieht.« Nun etwas sehr verworrenes für Elfjährige: »Der ist nicht frei, der will tun können, was er will, sondern der ist frei, der wollen kann, was er tun soll.« *Hää?* »Vergesse nie die Heimat, wo deine Wiege stand, du findest in der Ferne kein zweites Heimatland.« Der Spruch kam von meiner Freundin Hedwig. Meine Cousine Anneliese schrieb: »Es wünscht dir jeder was er will, Gott gebe ihm noch mal

Das Poesiealbum ist jetzt schon 60 Jahre alt, aber es macht immer noch Spaß, darin zu lesen.

so viel.« Auf der letzen Seite hatte sich meine Cousine Rita mit diesem schönen Spruch verewigt: »Hier auf dieser letzten Seite, will ich stehen ganz allein, hier auf dieser letzten Seite, will zuletzt vergessen sein.« Rita hat mir ein Glitzerbildchen dazu eingeklebt.

Die Jungen bekamen natürlich auch das Buch. Aber mit Sprüchen waren sie schnell fertig. Andreas schrieb: »Schmeichle niemandem und laß dir nicht schmeicheln!« Ein Andenken von Reiner: »Die Gnade zaubert keine Heiligen von uns, während wir schlafen.« Auch mein Mitschüler Robert hat geschrieben: »Üb immer Treu und Redlichkeit, bis in dein kühles Grab, und weiche keinen Finger breit von Gottes Wegen ab.« Ja dann noch kurz und zackig der Eintrag von Johannes: »Bete und Arbeite.«

Heute, nach so vielen Jahren, kann ich mich immer noch über diese schönen Sprüche, Gemälde und die eingeklebten Bildchen freuen. Das Geglitzer ist verblasst und viele Sprüche nicht mehr zeitgemäß. Aber jeder hat sich angestrengt, besonders die Mädchen. Ja, da haben wir es mal wieder, die Mädchen waren in manchen Sachen schon einfallsreicher. Besonders was die Länge der Texte anging. Aber das macht nix.

Mein Poesiealbum ist ziemlich zerfleddert, schließlich ist es schon 60 Jahre alt, aber es macht immer noch Spaß, darin zu lesen. Heute wird wohl keiner mehr solche Sprüche in ein Poesiealbum schreiben. Heute gibt es »Freunde-Bücher«, die schon im Kindergarten herumgereicht werden. Die Kinder können meistens noch nicht lesen und schreiben, dafür werden Fotos eingeklebt. Das ist alles auch sehr schön, nur oft verlieren die Freunde sich aus den Augen und es kommen neue. Dann erinnert sich nach Jahren bestimmt keiner mehr an die Freunde aus dem Kindergarten. Wie gesagt, mein Poesiealbum ist in den 60er Jahren entstanden und die, die mir so liebevoll etwas zum Andenken geschrieben haben, habe ich alle noch in guter Erinnerung. Mein Album habe ich einmal zu einem Treffen mitgenommen und daraus vorgelesen.

Wir alle konnten herzlich lachen und haben uns vorgestellt, wie wir voller Eifer diese Sprüche zu Papier gebracht haben.

Also einen schönen Spruch hätte ich noch: »Liebe Inge! Die Jahre der Jugend sind heiter und schön, nur schade, daß sie so schnell vergehn. Die heiteren Tage, die fröhlichen Stunden und eh' man's ahnt, sind sie entschwunden. Wenn auf dieses Blatt sich wendet dein Blick, dann denk in Freundschaft an uns zurück.« Das schrieb mir am 1. Februar 1961 »Zur späteren Erinnerung« meine Nachbarin Christel mit Emil und Tante Trautchen.

Tanzen und Spaß haben

So langsam näherte sich das Ende der Schulzeit. Wir waren fast 14 Jahre alt und im April sollte es losgehen mit dem »Erwachsensein«. Naja, so richtig erwachsen waren wir ja nicht, aber wir taten so. Plötzlich waren uns die Jungen gar nicht mehr soo egal, wie noch vor einiger Zeit. Die Freundinnen kicherten auch oder wurden *e besje rut em Jesicht wenn der aan ode der anne vobäi jong.* Manche *gruße Junge* hatten *schun e Mädje.* Die gingen dann *Sunnes »Händjes« spatzere.* Einige hatten aber, ganz lässig, nur die kleinen Finger eingehakt. *Eijeijei,* das sah ja cool aus. Obwohl es das Wort »cool« überhaupt noch nicht gab. So gingen die Pärchen eben sonntags spazieren. Früher war es viel gesitteter, *do jong me »Ärmbjes«.* (Man hat sich eingehakt.) Aber es war egal, für uns war es immer aufregend, wenn so ein verliebtes Pärchen in Sicht war. *Oohh, wann hin mir dann och aas suu?*

Einmal hat mich meine Tante gefragt: *»Has' dou dann och schun en Kabänes?« Häh, bat es dann en Kabänes?* Nein ich hatte noch keinen. Ich ging immer noch sonntags mit meinen Freundinnen spazieren. Ihr werdet es nicht glauben, wir gingen mit dem Kofferradio spazieren. Wir trugen das Kofferradio zwischen uns und hörten Musik auf »UKW«. Manchmal *hann me och »Radio Luxemburg« erenn kricht,* die hatten immer schon die neuesten Schlager parat. Das Radio gehörte meiner älteren Cousine. Ich war immer froh, wenn ich mitgehen durfte. Das war vielleicht ein Bild. Wir im Sonntagsstaat, mit einem Kofferradio zwischen uns *off de Stroß erim flanere.* Wir hatten noch *kaan Junge, ewwe e Kofferadio.* Das war damals eine Seltenheit. Ich weiß noch, dass ich eins bekam, als meine Lehre zu Ende war und meine Mutter mir zur bestandenen Prüfung eins schenkte. Juhu. Ja, wir haben uns sonntags *fein gemacht un hann us »Sunnes« anjedoon.* Meine Mama hat mir aus »Trevira 2000« ein Kleid genäht. »Trevira 2000«, ja, das war ein toller Stoff. Kein Bügeln mehr, alles bügelfrei! Das Waschen war auch kinderleicht. Und alles trocknete superschnell. Für die Männer gab es die ersten »Cottonova-Hemden« mit der »Schwarzen Rose«. Auch die sollten bügelfrei sein, aber manche tüchtige Hausfrau hat sie dann doch gebügelt und *schwupps woa dat Dinge vesängt.* Man war ja gewöhnt, mit heißem Eisen zu bügeln. Kurz gesagt, *me hat et noch net em Greff jehatt.* Es gab auch »Nyltest Hemden« aber die hatten einen unguten Nebeneffekt. War es warm oder hat sich der Herr zu schnell bewegt, beim Tanzen vielleicht, gab es sehr unangenehme Gerüche. Das konnte bei »Cottonova« nicht passieren.

Wenn wir uns sonntags trafen überlegten wir, wie wir es anstellen sollten, dass wir überhaupt auffielen. Wir toupierten uns gegenseitig die Haare, aber *net su huh,* schließlich waren unsere Eltern darauf bedacht, dass wir nicht so früh auffielen. Es schickte sich nicht, dass *me schun en Jung jehat, hat, wenn me noch en de Schul jong. Ewwe kucke kun me doch emol, ode?* Einmal, um die Fastnachtszeit beschlossen wir, am Rosenmontag *em Zuch met sejon.* Standen wir sonst immer am Rand *un han Zuckestaandje offjerafft,* wollten wir uns diesmal beteiligen. Es war ja nicht so wie heute, es gab kein Motto, jeder ging und trug was er wollte. Die Frauen hatten Schleifen

Eine Gruppe »Haremsdamen« mit Maharadscha in den 1950er Jahren.

aus Rosenpapier im Haar oder *im de Hals*. Die Männer hatten sich einen Bart angemalt und schon war man verkleidet. Fast jeder hatte etwas dabei was Krach machte. Manche zogen *eh Laatewendje* (Leiterwagen) mit alkoholischen Getränken hinter sich her. Man war ja nichts gewöhnt, aber jeder hatte seinen Spaß. Wie gesagt, auch das Wurfmaterial war dürftig. Aber egal, es wurde Musik gemacht und alle haben »Hellau« gerufen und das Lied vom »Treuen Husar« gesungen. Das war schön. War der *Zuch erim*, wurde man, wenn man viel Glück hatte von *de Junge en de Wirtschaft enjeladde. Dorf me dat? Jo, borim da net, et es doch Fasenesch un nix debäi, ode? Also ab en de Wirtschaft*. Da ging es schon hoch her. Es wurde geschunkelt und gelacht. Bei manchem hing der Hut schon schief und bei mancher war *de Leppesteft schun schwär veschmehrt un de Rusepabäijeschleife hatte och kann Fassong mie*. So von nah hatten wir das ja noch nie gesehen. *Oh, bat wor dat schien*. Das war vielleicht eine Stimmung *un mir mettendren*. Die Wirte hatten alle Hände voll zu tun. *»Äh, mach dem aas en ›Schwaze Kater‹ ode en ›Eckes Edelkirsch‹.«* Alle riefen durcheinander aber die Bestellung kam und zum ersten mal im Leben trank ich einen »Schwarzen Kater« *ous em Schnapsjelaas*. Zu Hause hatte man ja mal ein Glas *ousjelackt*, wenn de Mama Eierlikör gemacht hat. Aber hier, mittendrin *en de Wirtschaft* mit lauter Erwachsenen, das war etwas ganz anderes. Wenn wir Freundinnen uns am nächsten Tag trafen, war das Thema Nummer eins. *Et erste mal en de Wirtschaft, der janze Trubel in »Echt«* erlebt und natürlich der Schwarze Kater. Jede wollte noch ein bisschen besoffener sein. Manchmal bekam dann eine oder andere rote Bäckchen, wenn die Rede von dem *Jung woa, der denn Schnaps bezallt hat*. Dann war mal wieder lange Ruhe. In der Fastenzeit sollte man weder laute Musik hören, noch lachen, geschweige denn sich amüsieren. Das war eine langweilige Zeit. Manchmal aber nutzten wir sie heimlich für unser Vergnügen. Wir trafen uns da, wo gerade Platz war. Ihr wisst ja, wie klein die Häuser und Zimmer waren. Aber hatten wir ein Eckchen gefunden, wurden die Stühle verrückt und auf engstem Raum lernten wir tanzen. *Zwei fier, aane zereck, wenn's ging ronddrähe.* Ich weiß noch, dass wir auf ein Lied, mit wechselnden Partnerinnen ganz oft geübt haben. »Eine Gitarre und tausend Illusionen« von Vittorio. Ein Lied und Schrittfolgen ohne Ende. Beim Zwischenstück übten wir uns nach hinten zu schmeißen wie Kilius-Bäumler bei der Todesspirale. Da musste man gut aufpassen, *dat me sech net de Kopp jeknutzt hat.* Aber es hat sich gelohnt. Wir konnten alle ziemlich gut tanzen. Das haben wir bewiesen, als wir *off de Musik jongen un* viel Platz hatten.

Ganz lange noch gingen wir sonntags, mit dem Radio zwischen uns, spazieren. Und das glaubt uns heute keiner mehr, auch mit einem Plattenspieler. Meine Freundin Helga hatte irgendwann einen tragbaren Plattenspieler. An der Seite war ein Schlitz für die Schallplatte. (Später sagte man Single – Langspielplatten gab es noch nicht so viele.) Auch den schleppten wir sonntags durch die Gegend. Die eine kleine Schallplatte die wir dabei hatten, wurde immer wieder eingeschoben. Die erste Seite Peter Hinnen: »Auf meiner Ranch bin ich König« – Rückseite: »Eine Rose blüht in Colorado«. Naja, später liefen die Kid's, wie man heute sagt, mit einem »Gettoplaster« auf den Schultern *off de Stroß erim.* Da waren wir ja eigentlich schon die Vorreiter. Der einzige Unterschied, mir *woaren Sunnes anjedoon, un hatten dat Dinge net of de Schellere.*

Auf Wallfahrt zur »Weißen Frau« von Banneux

Früher war es so, dass einmal im Jahr eine Wallfahrt stattfand. Nach *Bannö*. Auch Düngenheimer hatten sich entschlossen, diese Wallfahrt durchzuführen. Wir hatten schon viel von dem Mädchen gehört, dem eine Dame erschienen sein sollte. Ja, das war mal wieder so was. Von Fatima wussten wir, dass »Maria« drei Kindern erschienen war. Denen hatte sie Geheimnisse anvertraut. Auch in Lourdes soll ein Kind »Maria« gesehen haben. Alle Kinder erzählten von einer freundlichen »Weißen Dame«, die zu ihnen gesprochen haben soll.

Natürlich wurden uns diese Geschichten immer wieder erzählt. Und wir glaubten es. Nicht nur wir alleine, ganz viele Menschen auf der Welt pilgerten zu den Stätten, wo die »Weiße Frau« den Kindern erschienen war. Zuerst glaubte kein Mensch den Kindern, egal wo. Aber es soll sich wirklich zugetragen haben und irgendwann war auch die Kirche, die immer sehr skeptisch darauf geblickt hatte, überzeugt, dass es diese »Erscheinungen« wirklich gegeben hat. Es ist jetzt müßig darüber zu spekulieren, aber tief im Herzen glaube ich auch daran und glaube, dass da »etwas« war.

Bei uns wurde einmal bei *Schmitze* im Saal ein Film gezeigt, von »Fatima«. Eintritt *finnef Grosche*. Nach dem Film ging ich ganz ergriffen nach Hause, und musste die Sache erstmal verdauen. Der Film war ein bisschen in Vergessenheit geraten, als mir das mit der Wallfahrt nach *Bannö* wieder einfiel. Im Dorf wurde viel darüber geredet, wann es wieder losgehen sollte. Einige Frauen um *Paste Mie* organisierten die Reise ins ferne Belgien. Manche hatten schon oft daran teilgenommen und waren echte Profis. Ja und irgendwann waren wir auch dran. *»Ähj, fehste och mit no Bannö?« »Jo, de Mama hat us zwei anjemeld.«* Man musste sich anmelden, denn der Bus war immer schnell ausgebucht. Ich war sehr aufgeregt. Meine Freundinnen fuhren auch mit. Das war schon mal gut.

Von Erzählungen, eben diesen, hatte ich gehört wie schön und lustig es war, wenn man eine Reise tut. Schließlich waren sie schon mit der »Landjugend« verreist und hatten viel zu erzählen. Da wurde es im Bus nicht langweilig. Es wurde gesungen und gelacht. Die Stimmung war gut und die Reise sehr kurzweilig. Meine Cousine Rita und meine Freundin Helga waren einmal in Sankt Thomas, keine Ahnung wo das war, eben mit der »Landjugend« und die hatten viel Spaß bei diesem Unternehmen. Also freute ich mich sehr auf diesen Ausflug. Es war ja wieder einmal so, dass man nicht alle Tage etwas geboten bekam. Eine Reise in ein fernes Land. Dann die Geschichte von dem Mädchen, das die »weiße Dame« gesehen hatte. Die Dame hat dem Mädchen gesagt, man sollte die Hände ins Wasser tauchen, es wäre geweihtes Wasser. Für Kranke wäre es besonders gut und hätte heilende Kräfte. In *Bannö* gäbe es eine Grotte mit der Nachbildung der »Weißen Dame«. Davor der Brunnen mit dem heiligen Wasser.

Alle wesentlichen Sachen hatten wir gespeichert und dann sollte es auch schon losgehen. *Morjens em finnef Oue* stand der Bus von *Pertzborns Hänns* bereit, *mir och*. Es war schon eine andächtige Stimmung bei den Älteren, aber wir waren *fruh*. Mama hatte uns *Stecke jeschmeert, schön deck met Botte un Schenke, noch en Appel un en Bije un en Flasch Limmenad.* Ja, die Flasche hatte noch einen Zweck, *woa se leddesch, kunn me doch noch von dem »heilije Wasse« e bessje met haam holle. Su ousjerüstet kunnten mir net vehungere un veduuschte.*

So, jetz ewwe nix be en de Bus. Wir stürmten natürlich auf die Rückbank, jede wollte ans Fenster. Schon war die Stimmung bei uns am frühen morgen hoch. Und dann der Schock. *Zemmemanns Trout* stieg ein, setzte sich auf den ersten Sitz *un fing an de Rusekranz se bädde. Bat es dat dann jetz? Ah »Jesätz« no dem annere. Ohje.* Wir da hinten wurden aufgefordert *et Moul se hahle un jefällest met se bädde.* Ach du lieber Gott, *su hatte me ewwe net jewett.* Wo war der Geist von Sankt Thomas? Gut, am Anfang *denkste noch, jeläisch werd et besse.* Aber nein, *ahne Rusekranz no dem anere.* Oh Maria hilf, Heilige Jungfrau wir flehen dich an, Heilige Mutter Gottes erhöre uns, *Jegrüßest* seist du Maria, Ave Maria, Gottesmutter schütze uns.

Zwischendurch wurden Marienlieder angestimmt. Gut, Marienlieder waren immer schon meine Lieblingslieder. »Meerstern ich dich grüße! O, Maria hilf«, »Maria breit den Mantel aus« und »Glorreiche Himmelskönigin« auch, das wisst ihr ja noch. Abends hab ich immer zu Maria und meinen Schutzengeln gebetet, aber das jetzt bei einer Reise, die ich mir so lustig vorgestellt hatte, nur noch nach Maria gerufen wurde, war mir dann doch zu viel. Es waren ja noch mehr Busse nach *Bannö* unterwegs und Maria sollte überall einspringen. Aber es wurde nicht weniger mit Beten und Singen. Bis wir nach einer kurzen Rast am Ziel unserer Reise ankamen. Dann ab an den Brunnen, die Hände eintauchen, *am beste de janze Arme* und auf ein Wunder warten. Wunder gibt es ja, bekanntlich erst viel später, aber wir waren vorbe-

Meine »Muttergottesfigur von Banneux«, die an Fronleichnam zum Einsatz kommt.

reitet. Es waren ganz viele kranke Menschen dort. Die glaubten alle, dass Maria ihnen mit dem gesegneten Wasser helfen würde, ihre Leiden zu ertragen. Es war schon sehr ergreifend vor der Figur von Maria zu stehen und plötzlich waren mir die Gebete und Lieder gar nicht mehr zu viel. Viel später erinnerte ich mich noch an das Gefühl, als müsste ich stehen bleiben und käme nicht vom Fleck. Es war wirklich ein besonderer Ort und eine besondere Stimmung. Und dann die vielen Menschen. *Eh, jang aas wäide, de annere Läid wellen och loh hin.* Langsam wurden wir weiter geschoben. Ja, dann war es eine andere Welt. Es gab Buden mit Marien-Figuren in allen Größen. Es gab Fläschchen und Flaschen in jeder Preislage mit dem »heiligen Wasser«. *Goot dat de Limmoflasch leddesch woa.* Das war schon ein bisschen wie Kirmes. Aber es hat uns fasziniert.

Aber dann … noch etwas gaaanz wichtiges, die »Belgische Schokolade«. Man hatte uns eindringlich gebeten: *»Bräng jo de Schucklad met, de schmackt su got un es net su däie (teuer).«* Das waren vielleicht Tafeln, in Silberpapier mit blauer Schrift. Alle kauften wir die Schokolade. Das war doch ein schönes Andenken, außer dem Wasser natürlich. *Su nou flott widde en de Bus un nix be Haam. Met bädde han mir dat flott jeschafft. Hä? et jow net mie jebät un jesunge.* Das hätten wir jetzt gekonnt aber wir waren viel zu müde.

Die Reise hat sich in meine Gedanken eingeprägt, die Schokolade auch.

Noch ein kleiner Nachtrag. Die Figur der »Muttergottes von Banneux« habe ich von meiner Tante geerbt, sie steht bei mir und beschützt mich. Auch Wasser habe ich noch in einem kleinen Fläschchen wo »Banneux« draufsteht. Es ist schon sehr alt und heilt bestimmt nicht mehr, aber es bleibt wo es ist.

Regeln und Anstand in meiner Kindheit

Wir Kinder, auch wenn wir noch so klein waren, wurden auf Anstand getrimmt. Wir waren brav. Es gab keine Zwischenrufe, man redete nur wenn man gefragt wurde. Hat man sich doch mal getraut, wurde man *seräächt jestutzt*. Wir waren nicht vorlaut. Wenn ich heute darüber nachdenke, meine ich, dass nur so unsere Eltern die große Kinderschar in Schach halten konnten. Die Kleinen saßen *off de Bank en de Eck* und wenn sie etwas gefragt wurden, gaben sie artig Antwort. Kein Kind rannte schreiend irgendwo herum und brüllte: »Ich will aber.« Es war schon ein bisschen Zwang dabei. Uns hat das aber keinen Abbruch getan. Wir waren es nicht anders gewöhnt.

Gab es Essen, hieß es: *»Setz dech strack hin un läsch de Arme net off de Dech un stäip (stütz) de Kopp net, loost uch net su bälleke (auffordern).«* Hat man doch einmal seine Meinung geäußert, hieß es, *bäim Eaße wird net jesprocht, hahl Roh un knatsch net.* (Kau nicht laut). Ein: *»Esch well dat ewwe net, bäh dat schmackt net«*, gab es nicht. *Et wijed jäas bat off de Dech kitt, Basta!* Morgens gab es *Stecke met Botte un Scheele un Melesch ode Kagau.* Sonntagmorgens gab es ein gekochtes Ei *ode Eieschmeer.* So wussten wir also schon früh wenn Sonntag war. *»Nou pass off un läppsch ne* (verschütt nix).« Das hatten wir aber alles nach kurzer Zeit im Griff. Um *kaa Schännes* einzufangen, betrugen wir uns meistens ziemlich gut. Dazu muss ich noch sagen, Mama hat uns immer gut bekocht, also hatten wir auch keinen Grund zur Beanstandung. Denn auch mein Vater hatte seine Vorlieben und die deckten sich dann meistens mit unseren. Mama hat das natürlich gewusst. *Nou schling net su, äas viernähms* (esse langsam und nicht alles auf einmal). Kam Besuch hieß es für mich: *»Joff der Tant emol e Händje, na, net dat, dat schiene.* (Nicht das Linke sondern das Rechte.) *Un mach aas e Knicksje.* Meine Brüder brauchten *kaa Knicksje se mache*, die machten *en Diener. Och kuch emol der Klaan un dat klaa Buzeltje, be leef.*

Die älteren Mädchen mussten ganz oft auf ihre kleinen Geschwister aufpassen *un am Händje haale. Net dat se fotlaafe.* Hatte man eine kleine Schwester, war es einfach. Mädchen *hann imme besse jefolescht be Junge.* Da ich ja bekanntlich drei Brüder hatte, musste ich ganz schön festhalten. Im großen Ganzen ging es gut. *Nou follescht em Inge!* Eine Nachbarin hat mal zu mir gesagt: »*Dou hass imme aahne am Händje.*« Damals war mir das nicht so bewusst, schließlich war ich doch die Älteste. Erst viel später hat Mama einmal zu mir gesagt: »*Oje oje, dou moost viel se freh off all offpasse.*« Aber Mama hatte doch

Meine Cousinen und ich. Meinem Bruder scheint die ganze Sache nicht geheuer zu sein.

keine Zeit. Vier Kinder, die ganze Arbeit ohne die heutigen Erleichterungen. *Dat Veeh, de Haushalt* und manchmal noch die Arbeit im Feld. Es blieb den Müttern nichts anderes übrig, als ihre Ältesten mit einzubinden. Es war fast in jeder Familie so *un et hat us och nix jeschad.*

Zwischendurch gab es ja auch immer wieder Belohnungen. Einmal bekam ich Ohrringe, kleine blaue Vergissmeinnicht. Die gab es in Esch beim »Nick«. Sie waren so schön und ich war mächtig stolz. Ich weiß nicht mehr wie die Löcher in die Ohrläppchen kamen. Ich weiß nur noch eins, ständig waren sie entzündet *un hann wieh jedoon.* Manchmal hat Mama die Ohrringe mit Schnaps desinfiziert. Es hat nix genützt, ich konnte sie einfach nicht vertragen. Das war schade, waren sie doch so schön. Dafür bekam ich dann *e Ringeltje och met em blaue Steintje,* dass hat sich nicht entzündet und ich trug es nur Sonntags. Die kleinen Mädchen konnte man schon heraus putzen. *Kleidje met Pinkeltje* (Punkte) *un Fluteschje. Schleifje en de Hoa un eben Uhrringeltje.* Nicht bei jeder hat sich das Ohr entzündet. Da war ich schon ein bisschen neidisch.

Ja, es wurde alles verniedlicht. Es gab *Räckeltje un Strempje, Himpje, Metschelje un Hänscheltje.* (Röckchen, Strümpfe, Hemdchen, Mützen, Handschuhe.) Gut, wir waren ja kleine Kinder und kleine Kinder haben auch kleine Sachen. Dass das lange her ist, wisst ihr ja. Heute haben die »Kleinen« Bodys, Leggings, (mir hatten *noch net emol* Strumpfhosen), Thermo-Jeans und wasserdichte Matschhosen. Die braucht man nicht zu waschen, die kann man mitsamt Kind abspritzen. Es gibt Softshell-Jacken und -Mützen. Alles damit das Kleine ja nicht untendrunter nass wird. Sogar die Windeln der Babys sind dreilagig und wasserdicht, mit Auslaufschutz. Da kommt nix mehr raus. Und wenn sie gewechselt wird, kommt sie in die Mülltonne. Das wäre was für Mama gewesen, unsere Windeln waren dreilagig aus Stoff und pitschenass. Dann ab damit in die Kochwäsche und schon waren sie wieder verwendbar. Schließlich gab es noch keine Mülltonnen und keine Müllmänner, die kamen, um alles zu entsorgen. Die Zeit ist nicht stehengeblieben und die Erfindungen erleichtern das Leben. Die Kinder zu meiner Zeit hatten noch *jenählte Schoon an de Fees* (die waren auch nicht wasserdicht) und im Winter *naaße Juppere, Boxe* und Handschuhe. Die Sachen waren ja handgestrickt. Abends kamen wir dann *klitschenaaß met rude Backe haam.*

Die Kinder heute sind »dank wasserdicht« auch so verpackt. Noch ein paar Gummistiefel mit Drachenflügel und Leuchtdioden. Regenjacken mit Leuchtstreifen, ja, dann kann doch nix passieren. Es hat sich doch auch alles verändert. Die Straßen sind voller Autos die immer größer werden. Die Kinder müssen ständig auf der Hut sein. Müssen rechts und links gucken, ehe sie loslaufen. Dann ist es gut, dass sie irgendwie »Leuchten«. Wir konnten noch mitten auf der Straße herumrennen, ohne dass uns einer umgefahren hätte.

Meine Nachbarin Maria hat mir erzählt, dass sie mit ihrer Freundin Karin immer auf ein Kuhgespann gewartet haben. *Em Wäächmanns Mattes säint.* Wenn der Mattes in Sicht war sind sie auf die Straße gesprungen und haben so die Kühe erschreckt. Dann *hatt de Mattes jeschand* und das wollten die zwei hören. *De Mattes* und seine Schwester, *et Lies,* hatten sehr hohe Stimmen. Das war im ganzen Dorf bekannt. Die beiden lachen heute noch *iwwe de Schelemesteckeltje.*

… Also so was, und das als Mädchen. Haha.

Nachtrag

Ich habe ziemlich viele *»Dinescheme-Platt-Wörter«* geschrieben. Mit uns wurde ja, bis wir in die Schule kamen, nur so geredet. Bis heute sind mir die Wörter in Platt noch lieb. Es ist schließlich meine Muttersprache. Hätte Mama gesagt: »Mein liebes Kind, stütze deinen Kopf nicht auf die Ellenbogen und kleckere nicht«, glaubt mir, wir hätten gedacht, mit Mama wäre etwas nicht in Ordnung.

Selbst mein kleiner Bruder, der immer weg von zu Hause war, hat unser Platt nie verlernt und sogar er versucht es seinen Kindern beizubringen. Dann ist es manchmal zum Lachen, wenn Schweizer Kinder *Dinescheme Platt* reden.

Christine Kaula »Die Frauen vom Heintzenhof«

Eine einfache Frau, die tausend Schlachten geschlagen, viel gelacht, aber auch manche Träne geweint hat – das ist Marie, eine der »Frauen vom Heintzenhof«. 1910 als eines von elf Kindern auf einem Hof in der Vulkaneifel geboren, erlebt Marie viele Entbehrungen und Mühsal. Sie macht sich auf in die Welt, die damals nicht weiter als bis nach Köln reichte. Im Krieg kämpft sie um Robert, die Liebe ihres Lebens. Auf der Suche nach einem kleinen Glück will sie später doch noch einmal ausbrechen. Trifft Marie die richtige Entscheidung?

ISBN 978-3-89801-415-1
252 Seiten • Broschur • 12,00 EUR

Andreas Mohr »Das verschenkte Kind«

Bis vor wenigen Jahrzehnten war es keine Seltenheit, dass Kinder aus kinderreichen Familien an kinderlose Ehepaare abgegeben wurden, damit deren Altersvorsorge gesichert war und Hof oder Weinbaubetrieb einen Nachfolger hatten.
Auch Andreas Mohr war so ein »verschenktes Kind«. Seine Erlebnisse und Gefühle hat er heute niedergeschrieben. Man spürt deutlich, dass er sein Schicksal nachdenklich hinterfragt und froh ist, dass so etwas heute in der Eifel keinem Kind mehr widerfährt.

ISBN 978-3-89801-354-3
76 Seiten • Klappenbroschur
9,90 EUR